Z.
2271
E.4

23935

BIBLIOTHÈQUE
UNIVERSELLE
DES DAMES.

Première Classe:

VOYAGES.

Il paroît tous les mois deux Volumes de cette Bibliothèque. On les délivre soit brochés, soit reliés en veau fauve ou écaillé, & dorés sur tranche, ainsi qu'avec ou sans le nom de chaque Souscripteur imprimé au frontispice de chaque volume.

La souscription pour les 24 vol. reliés est de 72 liv., & de 54 liv. pour les volumes brochés.

Les Souscripteurs de Province, auxquels on ne peut les envoyer par la poste que brochés, payeront de plus 7 liv. 4 s. à cause des frais de poste.

Il faut s'adresser au Directeur de la Bibliothèque, *rue d'Anjou, la seconde porte cochère, à gauche, en entrant par la rue Dauphine, à Paris.*

BIBLIOTHEQUE
UNIVERSELLE
DES DAMES.
VOYAGES.

TOME QUATRIÈME.

A PARIS,

Rue d'Anjou, la seconde porte cochère à gauche, en entrant par la rue Dauphine.

Avec Approbation & Privilége du Roi.

BIBLIOTHEQUE
UNIVERSELLE
DES DAMES.
VOYAGES.
LETTRE XIII.

De Iédo, le 18 Avril 1781.

J'Étois impatient, madame, de vous entretenir de l'histoire naturelle du Japon, persuadé qu'elle n'aura pas moins d'attraits pour vous que le tableau du gouvernement, de la religion, de la police, des mœurs, des usages, des

Voyages. Tome IV.   A

sciences & des arts que j'ai fait passer successivement sous vos yeux. La plupart des voyageurs semblent même, dans leurs récits, préférer l'histoire naturelle à toute autre connoissance; soit que la paresse de l'esprit humain s'accommode bien mieux de ce qui frappe d'abord nos sens; soit aussi que le merveilleux dans ce genre ait un caractère plus fortement prononcé; soit enfin qu'à la vue de l'ordre admirable, qu'une puissance invisible entretient dans l'univers par le mélange heureux des biens & des maux, notre ame soit plus délicieusement affectée, qu'elle ne peut l'être par la singularité ou ridicule ou barbare de nos institutions sociales.

Dans un empire auſſi grand que le Japon, ſitué dans la partie la plus orientale de l'Aſie, & pour ainſi dire à la ſource même de la lumière, compoſé de trois grandes iſles, qui voyent autour d'elles un grand nombre d'autres iſles, quelquefois aſſez grandes pour former des gouvernemens & des principautés, diſtribué par ſes ſouverains en près de ſept cens diſtricts; dans un empire enfin travaillé, détruit, & retravaillé ſans ceſſe par les feux ſouterrains, étendu ſur une longueur de deux cens ſoixante lieues de France, ſur une largeur qui n'en a jamais moins de ſoixante; & qui, quoique ſéparé du reſte du monde par une mer orageuſe &

toute hériffée d'écueils, jouit cependant de tout ce qui eft néceffaire & même agréable à la vie; vous concevez, madame, que la nature doit offrir une riche variété de productions à fes habitans, & de faits curieux à l'obfervateur.

D'abord, peu de mers font auffi dangereufes que celle dont le Japon eft environné. Aux rochers, aux écueils que l'explofion répétée des feux fouterrains a foulevés du fond des eaux, & répandus à leur furface; aux deux fameux tournans qui font la Carybde & la Scylla de ce pays, & dont la poéfie Japonaife, comme celle des Grecs & des Latins, fe plait à reproduire l'image; aux orages qui fe fuivent

& se pressent sans cesse, sous un ciel toujours chargé de tonnerres, il n'est pas rare de voir s'associer les trombes ou les typhons.

J'ai vu deux fois, pendant ma traversée de Kin-Kitau à Nangasaki, ce météore s'élever & servir de point de réunion à la mer & aux nuages. Je l'ai vu, mais non sans admiration & sans terreur. Figurez-vous une nuée noire, épaisse, qui poussée par deux vents impétueux opposés l'un à l'autre, prend la forme d'une colonne renversée de soixante à quatre-vingt piés de hauteur, & quelquefois aussi, m'a-t-on dit, de cent piés de circonférence. Sa base, c'est à-dire, la partie la plus large regarde-le ciel, & s'unit aux autres nuages qui y flottent, tandis que l'autre extrémité pefant fur la mer, qu'on voit bouillonner à l'entour & jetter de l'écume à une grande diftance, s'élève & defcend inégalement, fuivant l'agitation inégale des flots.

Cette colonne eft creufe & fans eau, parce que la rapidité du tourbillon pouffe hors du centre les parties internes. Tant que dure la violence du vent, cette maffe effrayante refte fufpendue; mais fitôt que le vent a perdu fon impétuofité, & que dans ce repos les parties inférieures de la colonne ne foutiennent plus les parties fupérieures, la trombe tombe avec un bruit épouvantable : & malheur au navire qu'elle rencontre dans sa chûte ou dans son voisinage : il court risque d'être englouti, ou de voir du moins tous ses mats fracassés.

Ce météore inspire ici un tel effroi, qu'on l'y nomme *talsmaki*, c'est-à-dire, Dragon d'eau. L'ignorance en effet le prend pour un dragon à longue queue ; mais les bienfaits de la mer ne sont pas moins curieux que ses tourmentes.

Ici, cet élément est si fécond en poissons qu'il suffit à la moitié de la subsistance d'une immense population. Il jette sans cesse sur les côtes une multitude infinie de coquillages ; il nourrit plusieurs espèces de baleines différentes de nom, de forme & de grosseur. Les mers seules du Groënland en nourrissent davantage. Pour les prendre, le Japonois emploie le harpon comme nous; mais ses bateaux, petits, étroits, terminés en pointe aigue, & chargés chacun de dix rameurs le rendent plus propre que nous à cette pêche. Aussi, tous les ans, au mois de Décembre, en prend-il quelquefois jusqu'à trois cens, autour des seules isles de Firando & de Gotho. Ces monstrueux cétacées trouvent un ennemi plus dangereux que l'homme, dans un autre poisson, qui, se glissant dans leur gueule, leur dévore la langue & les tue.

Je n'oublierai pas le *furube*, poisson venimeux que les Japonois, lorsqu'ils font las de vivre, choisissent pour aliment, plutôt que d'employer la corde ou le poignard. Quiconque en a mangé tombe évanoui. Les convulsions & le délire arrivent ensuite ; à ces symptômes succède un violent crachement de sang, & l'on expire. L'usage en est défendu rigoureusement à tout homme de guerre. Quant aux perles, dont les Japonois ignoreroient encore le prix sans les Chinois, il s'en trouve de très-belles dans une espèce d'huître, nommée *Akoja*, & fort commune dans le golfe d'Omura. Mais celles-ci sont rares. Les côtes de de Saikof en fourniffent d'autres qui font en plus grand nombre. Je ne finirois pas, si je voulois vous parler des divers coquillages que j'ai rencontrés. Mais comment paffer fous filence l'ambre gris, le plus délicieux de tous les parfums? Il croît au fond de la mer, fur les côtes; les baleines l'avalent, & il fe perfectionne dans leurs entrailles, en s'y durciffant. Cette matière précieufe eft en petite quantité. Il femble que la nature en donne d'autant moins que cette fubftance eft plus exquife.

L'air eft pur dans ces climats, puifqu'on y vit long-tems, que les femmes y font très-fécondes, & qu'il y règne peu de maladies. Le ciel néanmoins est inconstant, l'hyver rigoureux, chargé de neige, & l'été brûlant, pluvieux, sur-tout au mois de Juin & de Juillet, que j'entends nommer *Satsuki*, c'est-à-dire, les mois d'eau.

La terre enfin présente de tous côtés des volcans, soit enflammés, soit éteints. On diroit que ces isles sont le rendez-vous des feux souterrains, tant les éruptions en sont fréquentes & terribles. Elles ont souvent abîmé des villes entières. Iédo fut ébranlé en 1703, & deux cens mille hommes périrent ; Méaco, en 1730, & un million d'habitans disparut en un jour.

De ces feux destructeurs & créateurs tout ensemble naît la richesse du genre minéral au Japon; c'est-à-dire, du soufre, qui n'est nulle part en aussi grande abondance; de l'or, dont l'exploitation occupe plusieurs provinces de l'empire, & qui donne les deux tiers du produit au souverain; de l'argent, qui passe pour le meilleur du monde, & qu'on échangeoit autrefois à la Chine, contre l'or, poids pour poids; du cuivre, qui suffiroit seul pour enrichir le Japonois; & du *Sowa*, mélange de cuivre & d'or, qui travaillé par l'art ne cède à l'or ni en éclat ni en couleur. L'étain & l'airain seroient ici les métaux les plus rares, sans le fer qui est plus rare encore; aussi les outils de cette dernière matière sont au plus haut prix ; il n'en eft point de même du plomb qu'on a cru long-tems peu commun, & qui ne l'eft pas.

Faut-il vous parler, madame, de cette argile blanchâtre, qu'on tire en abondance des montagnes voisines de *Suwota*, & qui lavée soigneusement, & pêtrie avec de grands efforts, donnoit autrefois une porcelaine auffi blanche & auffi pure que le lait? Cette vaiffelle étoit fi pénible à fabriquer, qu'on difoit ici en proverbe : *les os humains en font un des ingrédiens.* Aujourd'hui cet ouvrage de l'art n'eft plus de la même beauté, foit par la négligence des ouvriers, foit même par la perte du fecret de la préparation.

Le règne végétal n'est pas moins digne de votre curiosité. Le mûrier blanc, ou noir, couvre la plus grande partie du Japon, pour alimenter le ver à soie. Le *Kadsi*, ou l'arbre à papier, après s'être élevé avec une vîtesse surprenante, & avoir étendu ses branches fort loin, fournit son écorce, non-seulement pour la fabrication du papier, mais pour celle des cordes, des mêches, du drap ; l'*urusi* & le *faasi* croissent sur les collines & les montagnes, & donnent un jus blanchâtre, dont la vaisselle & les ustensiles, ceux même de l'empereur, sont vernissés si brillament, qu'on les préfère alors aux métaux les plus précieux ; le laurier à bayes rouges, sans avoir dans son écorce l'agréable douceur de l'arbre de canelle, lui ressemble pourtant & par la grandeur & par la figure & par la substance des feuilles. Le *kus*, ou l'arbre du camphre, occupe à la décoction de ses racines & de son bois, les paysans de la province de *Satsuma* & des isles de Gotho. Deux sortes de chênes, différens des nôtres, sont les seules qui croissent au Japon; les glands de la première, qui est aussi la plus grande, se mangent bouillis. Le *jusnoki*, ou l'arbre de fer, ainsi nommé de la dureté de son bois, entre dans la construction de toutes les maisons. Le sapin & le cyprès peuplent toutes les forêts,

bordent les grands chemins, &
personne n'est en droit d'en cou-
per un seul, sans la permission ex-
presse du magistrat, qui ordonne
même alors de le remplacer; le
quiri enfin, grand arbre, dont les
feuilles ressemblent à celles de la
bardane, a sa feuille & ses trois
boutons épanouis, représentés dans
les armes du Daïri.

Si je passe aux arbrisseaux, vous
verrez d'abord le thé, dont la
feuille ressemble à celle du ceri-
sier, la fleur à la rose des champs,
& qui chargé d'un fruit à une,
deux ou trois coques, tout au
plus, n'occupe que les bordures des
champs, & se plaît dans les terreins
les plus stériles. Vous verrez le bam-

bou qui est d'un usage si général dans toutes les Indes ; le *stubaki*, dont les fleurs ressemblent aux plus belles de nos roses ; le *satsuki*, qui porte des lis de couleur violette ou incarnate ; le coton enfin & le chanvre, qui croît naturellement dans les lieux les plus incultes.

La végétation n'est ni moins variée ni moins brillante dans les espèces inférieures.

Les fleurs, au printemps, font du Japon tout entier une magnifique décoration, qu'on ne retrouve peut-être la même en aucun lieu de la terre ; mais avec un coloris plus riche que celui de nos jardins, elles manquent de parfums.

Les simples plantes croissent de même avec une admirable profusion dans les champs, sur les montagnes, dans les bois, dans les marais, dans les lieux stériles & sur les côtes même de la mer : toutes, sans en excepter même celles qui ont un suc venimeux, soit par leurs racines ou leurs feuilles, soit par leurs fleurs ou leurs fruits, servent de nourriture aux habitans. Le Japonois est de tous les peuples celui qui prouve le mieux que la nature ne produit rien d'inutile.

Quant aux grains, il y en a cinq principaux qu'on appelle du mot général *gokokf*, c'est-à-dire, les cinq fruits de la terre, parce qu'ils faisoient autrefois la nourriture par excellence. Ces cinq fruits sont le riz, qu'un de nos enthousiastes à paradoxe, vouloit substituer au pain en Europe; l'orge dont l'homme se nourrit ici comme les animaux; le froment qu'on n'estime guère; & deux sortes de féves qui après le riz sont l'aliment le plus ordinaire.

Enfin le règne animal offre encore des objets curieux. On y voit dans la domesticité tous les animaux nécessaires à l'homme; le cheval pour les charrois & l'équitation; le taureau pour le labourage, le chien pour la garde des maisons & des rues; & le chat, qui est aussi beau que malin, pour l'amusement des femmes. Mais ni le porc, ni la chèvre, ni le mouton, que les Portugais & les Chinois y transportèrent, n'intéressent assez le Japonois pour qu'il aide à la multiplication de ces espèces. Dans la seule province de *Figen*, il élève quelques porcs uniquement pour les vendre aux Chinois ; les deux autres espèces qui lui sont inutiles, parce qu'il n'ose en manger la chair, & ne sait pas en travailler la dépouille, sont devenues sauvages, autant que les lièvres, les daims, & les sangliers, dont quelques sectes permettent de manger en certains jours de l'année.

J'ai vu dans les forêts des singes à queue courte, à visage & à dos rouges, & sans poil; des ours fort petits, originaires des provinces du nord; des chiens sauvages qui ont le museau grand & ouvert; des *tanukis*, dont le poil est d'un brun obscur, & qui par le museau ressemblent au renard; des renards en grand nombre qu'on croit animés par le diable; des souris enfin & des rats, très-multipliés dans ces isles, où même on en élève quelques-uns en leur apprenant à faire des tours; mais nulle part, elles ne nourrissent aucun animal carnassier, lion, tigre ou panthère, soit qu'ils ayent toujours été étrangers à cette contrée, soit plutôt que l'homme soit venu à bout d'en éteindre la race, comme les

Anglois ont anéanti chez eux la race des loups.

» Il me resteroit à vous parler des insectes, des reptiles & des oiseaux, sur-tout de la fourmi blanche, dont la tête armée de quatre pincettes recourbées & tranchantes, perce tout avec une incroyable rapidité, & qui pour cette raison est appellée ici *do-toos*, c'est-à-dire, perceur; du *fitakus* ou *fiba-kari*, serpent de couleur verte, à tête plate, & à dents aigues, dont la morsure donne la mort au bout de quelques heures; du canard, nommé *kinmodsui*, dont le plumage est d'une si rare beauté, que ne l'ayant vu d'abord qu'en peinture je l'avois pris pour un oiseau fabuleux;

mais tous les voyageurs qui m'ont précédé, *Kœmpfer*, sur-tout, ne m'ont laissé rien à dire, & je ne ferois que les répéter. J'aime mieux finir par la belle mouche de nuit, qu'on prend plaisir à conserver ici entre les bijoux les plus curieux. Elle est à-peu-près de la longueur du doigt, déliée, ronde, ayant quatre aîles, dont deux sont transparentes, cachées sous les deux autres, & si luisantes qu'on les croiroit polies par la main d'un artiste, & embellies exprès d'un charmant mélange de taches & de lignes bleues & dorées. Cette jolie mouche a fourni aux poëtes Japonois, le sujet d'une fable non moins jolie, qui explique l'ardeur inconsidérée avec laquelle on voit les mouches se brûler à la lumière.

Tous les papillons de nuit, disent-ils, sont devenus amoureux de ce charmant insecte, qui pour se délivrer de leurs importunités, leur commande malicieusement, sous prétexte d'éprouver leur amour, d'aller chercher du feu pendant la nuit. Ces étourdis, aveuglés par leur passion, courent au premier feu qu'ils rencontrent & s'y brûlent.

P.-S. Voici, vraisemblablement, madame, la dernière lettre que je vous adresserai du Japon. Dans quelques jours, nous repartirons pour Nangasaki. Je dois y trouver un vaisseau chinois tout prêt

à

à faire voile pour l'isle Formose. Là, je reprendrai le cours de mes observations. Celles que je jugerai les plus intéressantes seront les seules que je prendrai soin de vous communiquer. Il faut savoir choisir dans ses pensées pour être digne de commercer avec un esprit aussi cultivé que le vôtre.

LETTRE XIV.

De Tai-wan, capitale de l'isle Formose, ce 2 Juin 1781.

ME voici, madame, dans une isle, où l'homme entouré d'une nature féconde, riante & variée, jouit constamment d'un air pur, & d'un ciel toujours serein. Les Portugais, qui la firent connoître à l'Europe, lui donnèrent avec juste raison le nom d'*Hermosa*, qui dans leur langue signifie belle; celui de Formose que nous lui donnons, & qui emprunté du latin signifie la même chose, exprime avec des sons plus doux à l'oreille la délicieuse situation de ce pays qu'arrosent de tous les côtés de petites rivières, aux bords desquelles croissent avec profusion & magnificence tous les végétaux de l'Asie. Les orangers, les bananiers, les ananas, les figuiers, les abricotiers & les cocotiers, s'y montrent en ce moment chargés de tant de fleurs, & si agréablement disposés, que je me suis cru transplanté comme par un charme magique, non pas dans une simple campagne, mais dans un vaste & superbe jardin créé par des mains invisibles.

Et ce qui pourroit servir à prolonger cette illusion, c'est que Formose, ainsi que le jardin d'Armide, est d'un accès difficile. Autrefois on pouvoit y aborder par deux endroits; l'un appelé *Takiang*, où flottoient sans peine les plus gros vaisseaux; l'autre appelé *Loulhmen*, dont le fond est un rocher couvert à peine de neuf à dix piés d'eau, même dans les plus hautes marées. Aujourd'hui le premier canal est impraticable; les sables que la mer y charie tous jours ont forcé la mer de se retirer; il ne reste donc pour tout passage que le second canal; dans lequel il seroit imprudent de s'engager, si l'on ne prenoit pour guides des pilotes accoutumés à le traverser.

« Voilà, madame, ce que la nature a fait pour défendre l'abord de Formose ; voici ce que la politique y ajoute. La cour de Pekin, qui la tient sous sa domination, y envoie des mandarins chargés d'observer soigneusement tout ce qui entre dans l'isle & tout ce qui en sort. Il n'est pas permis aux Chinois même de s'y établir sans passe-port & sans caution, parce que les Tartares sont persuadés que celui qui s'en rendroit le maître feroit sans cesse en état d'exciter de grands troubles dans l'empire. Aussi Formose est-elle défendue par une garnison de dix mille hommes, sous les ordres d'un lieutenant général, & de plusieurs officiers inférieurs, dont la commission est triennale, ou plus courte selon les circonstances.

Rassurés par cette double défense

naturelle & politique, les Chinois ont pu & dû laisser cette place sans fortifications & sans murailles. D'ailleurs les Tartares ne renferment point leur courage dans l'enceinte d'un rempart, & ils aiment bien mieux se distinguer dans une plaine ouverte, que de languir dans une ville assiégée.

Toutes les rues de Taiwan, qui pour la plupart ont plus d'une lieue d'étendue, sont tirées au cordeau. Les maisons, dont les toits sont de paille, & les murs d'argile, ont une sorte d'agrément pendant les grandes chaleurs, parce qu'alors les rues sont couvertes de tentes qui cachent le haut des édifices, & ne laissent voir dans le bas, que des boutiques ornées des plus riches marchandises.

Formose est divisée en deux parties par une longue chaîne de montagnes. La partie occidentale, soumise aux Chinois, est composée de deux nations différentes; des Chinois & des naturels du pays. Les premiers, attirés par l'avidité du gain, y sont venus de diverses provinces de la Chine. Après y avoir vainement cherché les mines d'or qui appelloient leur cupidité, ils résolurent de les découvrir dans la partie orientale, où ils apprirent que la nature les avoit placées. Pour cet effet ils équipèrent un petit vaisseau. Ce navire fut très-bien accueilli des habitans, qui, quoique sauvages, regardoient l'hospitalité comme une vertu. Cependant ils ne donnèrent à leurs hôtes aucun des renseignemens qu'ils désiroient. Ceux-ci après beaucoup de soins n'apperçurent que quelques lingots qui se trouvoient comme négligés dans les cabanes des insulaires. Cette vue enflamma l'avarice. Les Chinois feignirent de vouloir témoigner leur reconnoissance à ces généreux bienfaiteurs qui les avoient aidés à réparer leur vaisseau; & les ayant enivrés dans un festin, ils eurent la barbarie de les égorger pour s'enfuir chargés de quelques morceaux d'or. Dès que cette nouvelle fut répandue, le désir d'une juste vengeance arma tous les habitans de la côte orientale. Ils entrèrent dans les dominations Chinoises, en pillèrent les possessions, firent couler le sang des vieillards, des femmes & des enfans, & depuis ce moment les deux peuples se font une guerre continuelle.

LETTRE XV.

De Tai-wan, le 20 Juin 1781.

J'AI fait, madame, depuis ma dernière lettre, une course dans la partie orientale de cette isle. Quoique mon séjour n'y ait pas été de longue durée, je n'en ai pas moins senti une estime très-vive pour des hommes vraiment amis de leurs semblables. Ces insulaires m'ont bien prouvé que l'on ne doit jamais ajouter foi à l'opinion des Chinois quand ils parlent d'une nation étrangère & ennemie. On m'avoit peint comme des hommes féroces, des hommes pour qui l'humanité est un devoir; comme des hommes sans principes, sans gouvernement & sans loix, des hommes qui portent dans leur ame la loi de la nature, source de toutes les vertus.

Il y a parmi eux une si grande égalité de condition, que les noms de *maître* & de *valet* n'y sont point connus. Ils n'en ont pas moins de déférence les uns pour les autres. Les vieillards y sont tellement considérés, qu'un jeune homme est obligé de s'écarter du chemin pour leur faire place ; de leur tourner le dos par respect, jusqu'à ce qu'ils soient passés ; & il demeure toujours en cet état, quand même ils s'arrêteroient pour lui parler. Il est inutile de vous dire que ce sont les vieillards qui occupent les premières places, & font les premiers servis dans les festins.

Ces montagnards, placés au milieu des mines d'or & d'argent, n'en font aucun cas. Quoique sans cesse en guerre avec les Chinois, ils font les plus doux de tous les hommes. Plus chastes & plus charitables que ceux de la plaine, ils ne connoissent aucuns des vices qui déparent la société; ils manquent de mot & d'idée pour exprimer l'adultère. Il y a des cantons où les maris ne demeurent point avec leurs femmes; ils vont les voir pendant la nuit, se lèvent de grand matin, & ne retournent point chez elles, pendant tout le jour,

à

à moins qu'elles ne les envoyent chercher, ou que les voyant passer, elles ne les appellent.

Quand un de ces montagnards vient à mourir, c'est pour tout le village un jour de réjouissance. On place le défunt sur un échafaud, on assemble le peuple au son du tambour ; les femmes apportent du vin de riz ; & après qu'elles ont bien bu à la mémoire du mort, elles se mettent à danser sur une grande caisse vuide, & façonnée de manière que leurs mouvemens rendent un bruit sourd & lugubre. Elles sont huit ou dix sur cette caisse, en deux rangs, & dos à dos. Lorsqu'elles commencent à se lasser, elles cèdent la place à d'autres ; & cet exercice dure plusieurs heures. Le lendemain on allume un grand feu autour du corps, pour le faire sécher; cette cérémonie se renouvelle neuf jours de suite, pendant lesquels on se régale de chair de porc, qui est la nourriture la plus estimée du pays. On prend ensuite le cadavre; on l'enveloppe dans une natte; on le laisse pendant trois ans dans un lieu écarté; & on l'enterre dans sa maison avec les mêmes cérémonies de festins & de danses.

Lorsqu'un malade souffre de grandes douleurs, ses camarades savent l'en débarrasser promptement en achevant de le faire mourir. Ils sont bien éloignés de regarder comme un acte d'inhumanité, ce qui procure à-la-fois la délivrance de leur ami, & une fête à tout le village.

Ces peuples n'adorent aucun dieu; ils ont même en horreur tout ce qui en réveille l'idée. Ils ne font aucun acte de religion, & ne récitent aucune prière. Cependant le long séjour des Hollandois dans cette isle y a répandu quelques notions du vrai Dieu, de la distinction des trois personnes, & de la création du monde. Quelques-uns d'entr'eux m'ont dit que le premier de tous les hommes s'appelloit *Adam*, & la première des femmes, *Eve*; que pour avoir désobéi à Dieu, ils avoient attiré sa colère sur eux, & sur tous leurs descendans, & que pour effacer cette tache, il falloit absolument être purifié par l'eau. Vous voyez, madame, que les premiers élémens du système religieux de l'Europe ont jetté quelque racine dans l'esprit de quelques Formosans, & qu'il seroit facile à nos missionnaires de créer dans cette isle des prosélites à notre Dieu.

LETTRE XVI.

De Tai-Wan, le 23 Juin 1781.

QUOIQUE Formose soit peu éloignée des Chinois, il ne paroît pas, madame, qu'ils l'aient connue avant le quinzième siècle ; ce qui prouve, en passant, leur extrême ignorance en géographie. Un Mandarin, revenant de quelques provinces occidentales, y fut jetté par la tempête, & s'y arrêta quelque tems pour prendre des informations sur la nature du pays & des habitans. Leurs cabanes rustiques, leur mépris pour l'or, l'argent, les meubles, les vêtemens, en éloignèrent le Mandarin, comme un Sybarite auroit fui Lacédémone. Aussi cette première descente n'eût-elle aucune suite.

Cent ans après, une escadre japonoise y entra sans résistance, & s'y établit. Un vaisseau hollandois y fut jetté par l'orage; le pays parut si beau, si commode au capitaine, qu'il sollicita des Japonois la permission de bâtir une maison à l'entrée du port. Cette maison devint un fort considérable. On n'en voit plus de trace. Cependant son nom subsiste encore; on l'appelle le *fort des cheveux roux*. C'est ainsi qu'à la Chine on nomme les Hollandois, comme les historiens latins appellent nos ancêtres de *grands corps à cheveux blonds*.

Les nouveaux venus chassèrent leurs bienfaiteurs, & se rendirent maîtres du pays, sans trouver aucun obstacle de la part des habitans, ennemis des armes & amis de l'humanité. Un corsaire en expulsa les Hollandois, & gouverna l'isle avec le titre de roi qu'il transmit à ses successeurs. Le dernier de ceux-ci, attaqué dans un âge encore tendre par des voisins dangereux, craignant de tomber entre les mains de ses ennemis, & préférant un esclavage volontaire à une guerre honorable, résolut de soumettre ses états à l'empereur de la Chine. Voici la copie du mémoire qui contenoit les offres du jeune prince:

« Lorsqu'abaissé aux piés de votre majesté, je fais attention à la grandeur de la Chine; lorsque je vois que depuis un tems immémorial elle s'est toujours soutenue avec éclat; qu'un nombre infini de rois s'y sont succédés les uns aux autres; je ne puis m'empêcher d'avouer que c'est l'effet d'une providence spéciale du *Tien*, qui a choisi votre illustre maison pour gouverner tout le monde habitable. Le *Tien* n'a fait ce changement que pour perfectionner les cinq vertus, comme cela paroît clairement par le bon ordre & le succès de tout ce que votre majesté a entrepris.

» Quand je pense avec humilité à mes ancêtres, je vois qu'ils ont eu un véritable attachement pour leurs souverains; qu'en cela ils ont tâché de reconnoître les bienfaits qu'ils avoient reçus de la dynastie précédente, dans un tems auquel ma maison n'en avoit reçu aucun de votre glorieuse dynastie. C'est cet attachement à son prince, qui obligea mon ayeul de sortir de la Chine, & d'aller défricher les terres incultes de l'orient. Mon père étoit un homme d'étude, qui n'auroit pas osé s'exposer sur le bord d'un précipice : semblable aux rois d'*Yelang*, il étoit tout occupé à gouverner & à instruire son peuple, se bornant à ce coin de terre au milieu de la mer, sans avoir d'autres vues.

» Jusqu'ici j'ai joui des bienfaits

de mes ancêtres; moi, leur petit-fils, je ne cesse de leur en témoigner ma reconnoissance, en me rappellant continuellement à la mémoire les bienfaits qu'ils ont reçus du ciel, sans penser à m'agrandir sur la terre.

» Maintenant que je vois votre majesté, semblable au soleil, qui, par son étendue & son élévation, couvre toutes choses, & à la terre, qui, par sa solidité, les soutient; toujours portée à faire du bien, à arrêter les effets de sa justice, fondement sur lequel elle gouverne la Chine: maintenant que je vois votre majesté, semblable au soleil levant, dont la lumière se répand dans un instant sur toute la terre, dès que cet astre commence à paroître sur l'horison, & dissipe dans un moment les légers nuages qui se rencontroient sur la surface de la terre; comment oserois-je penser à autre chose qu'à m'appliquer à ma perfection? C'est ce que moi, homme étranger, je regarde comme l'unique moyen de vivre content.

» Si je pensois à faire passer mes vaisseaux du côté de la Chine, j'avoue que je serois en faute; mais hélas! de ce sang qui étoit venu à Formose, qu'en reste-t-il? N'est-ce pas comme une foible rosée qui tombe d'elle-même de grand matin, & qui se dissipe dès que le soleil paroît? Comment donc oserois-je entreprendre quelque chose contre votre majesté ? mon cœur lui est entièrement soumis ; il le proteste à votre majesté dans ce placet, & elle en verra l'effet.

» Je connois aujourd'hui que je n'ai pas été dans la bonne voie, & à l'avenir j'oserai marcher librement à la suite du *Kiling*. Je souhaite avec passion voir le ciel & la terre ne faire qu'un tout. Le pauvre peuple de l'isle ne demande pas de pouvoir s'enivrer, ni se rassasier de viandes. S'il est traité avec douceur, il en sera plus porté à la soumission. La nature du poisson est d'aller dans les endroits où les eaux sont plus profondes ; elles ne le sont jamais trop pour eux, &

ils peuvent jouir d'une longue vie au milieu des ondes de la mer. Pour ferment de tout ce que je repréfente à votre majefté dans ce placet, que le foleil ne m'éclaire point, fi ce ne font-là les fentimens de mon cœur ».

L'empereur répondit à ce mémoire, en ordonnant à celui qui le lui avoit adreffé, de venir à Pékin. Le jeune prince obéit, & renonça aux honneurs attachés au rang fuprême pour aller vivre modeftement, fous un titre nouveau, dans une cour étrangère; & cependant une colonie de Chinois vint s'établir à Formofe. Ils y bâtirent des villes, & y établirent le gouvernement, les loix & les ufages de leur pays.

LETTRE XVII.

De Taï-wan, le 25 Juin 1781.

C'est ici, madame, que les besoins & les desirs de l'homme sont aisément satisfaits. Ici on trouve en abondance des fruits délicieux. Ce sont des oranges, des ananas, des cocos, & d'autres productions de l'Asie; des pêches, des abricots, des figues, des raisins, & les plus excellens fruits de l'Europe. Mais ce qu'on y trouve de plus exquis, ce sont des melons d'eau, d'une forme oblongue, quelquefois ronds, dont la chair est rouge, & fait les délices de toutes les tables. Ce qu'il y a de plus commun, & de moins cher, est le sucre & le tabac. Jamais on ne pourroit persuader aux habitans, qu'il y a dans un royaume de l'Europe des hommes dont le métier est de vendre un écu, ce qui ne coûte ici que deux deniers.

Toute espèce de volaille & de gibier abonde à Formose. On n'y voit ni loups, ni tigres, ni ours, ni léopards. Les bœufs y servent de monture, & ont des selles, & des brides comme nos chevaux ; mais les selles, plus longues que les nôtres, peuvent être occupées par trois personnes.

Bien différente de ces métropoles, qui absordent la subsistance des provinces, Formose fournit des denrées aux autres isles de sa dépendance. Je ne vous parlerai point de ces isles que je n'ai fait qu'appercevoir ; mais voici un trait que je ne puis vous laisser ignorer.

„ Le roi de Liéou-Kiéou assembla les grands de son royaume, afin de prendre pour ministre celui qu'ils jugeroient le plus digne de cette place. Ils proposèrent le gouverneur d'une ville : le roi le fit venir, le mit à la tête de son conseil ; & connoissant ensuite par lui-même toute sa capacité, il le déclara monarque, ne se réservant pour lui & pour ses enfans qu'un médiocre apanage.

„ Une taille riche, légère & dégagée, un teint olivâtre, & des cheveux plats, flottans sur les épaules; voilà, madame, le portrait des anciens insulaires de Formose. Leurs femmes sont petites, épaisses & robustes. L'habillement des hommes est une pièce d'étoffe qui leur entoure le corps depuis la ceinture jusqu'aux genoux; mais au nord de l'isle, ils ont des habits de peau, en forme de casaque, sans manches, comme les dalmatiques de nos églises. Ils vont nuds dans une certaine saison de l'année, persuadés que sans cela la récolte seroit mauvaise. Si pendant ce tems, on a le corps couvert, les habits sont confisqués, & le coupable est condamné à l'amende. Quelques-uns impriment sur leur chair des figures grotesques d'animaux, d'arbres, de fleurs; & cette distinction, qui n'est accordée qu'à ceux qui excellent à la chasse ou à la course, leur coûte cher : elle les expose à des douleurs qui leur causeroient la mort, si toute l'opération se faisoit à la fois : ils y emploient des années entières ; ce qui rend ce martyre plus supportable. Les pendans d'oreilles, les bracelets, des couronnes composées de petits grains & de plumes de faisans, sont la parure ordinaire des deux sexes. Il est défendu aux hommes, jusqu'à l'âge de dix-sept ans, de porter les cheveux longs. Ils se les coupent au-dessus des oreilles ; & s'arrachent la barbe avec des pincettes de fer. A dix-sept ans, ils la laissent croître, ainsi que leur chevelure. Quand celle-ci est de la longueur ordinaire, alors on pense au mariage.

Ici le plus doux des nœuds n'est point un trafic d'avarice. Les Formosans ne connoissent pas l'art de marchander une femme; ils cherchent un cœur & non de l'or. Quand un jeune homme trouve une fille à son gré, il se rend, pendant plusieurs jours, à sa porte, avec des instrumens de musique. Si la jeune personne approuve ses soins, elle se présente à lui, & les conditions sont réglées entr'eux. Les parens font les préparatifs de la fête; elle est célébrée dans la maison de l'épouse, & le marié y établit sa demeure; ce que le beau-père regarde non comme une charge, mais comme une grande douceur pour sa famille. Aussi aime-t-on mieux avoir des filles que des garçons, parce qu'elles procurent des gendres qui, dans la suite, sont le soutien & l'appui de la maison. Quoique les femmes se marient fort jeunes, il ne leur est permis d'accoucher qu'à trente-cinq ans. Quand elles sont grosses avant cet âge, on immole la victime innocente, en foulant aux piés le ventre de la coupable. C'est non-seulement une infamie, mais même un crime de mettre un enfant au monde avant le tems prescrit; il y a des femmes qui font groffes pour la dixième fois, lorfqu'il leur eft enfin permis de devenir mères.

Le riz eft la nourriture ordinaire de ces infulaires : quand ils veulent fe régaler, ils vont à la chaffe ou à la pêche, & mangent la viande à demi crue, fervie fur une planche, ainfi que tous les autres alimens. Leurs defirs ne paffent pas leurs befoins phyfiques ; & ces befoins font aifés à contenter. Cette vie fimple & uniforme leur procure la fanté & la vigueur du corps ; il ne leur manque que la liberté.

Cependant, quoique ces infulaires foient entièrement foumis aux Chinois, ils confervent encore quelques reftes de leur ancien gouvernement. Chaque bourg se choisit pour juges trois ou quatre des plus anciens habitans, d'une intégrité reconnue, qui décident, avec un pouvoir absolu, tous les différens. Celui qui refuseroit de se soumettre, seroit chassé à l'instant, sans aucune espérance de retour ; il ne seroit pas même reçu dans une autre habitation. Ces magistrats changent tous les deux ans ; & ceux qui sortent de charge, se font arracher les sourcils & les cheveux des deux côtés de la tête, comme une marque de leur ancienne autorité. Dans les affaires d'importance, ces juges invitent tous les chefs de famille à s'assembler dans certains lieux qui leur sont assignés ; & ils confèrent entr'eux sur le parti qu'ils doivent prendre.

On vante beaucoup l'éloquence naturelle de ces vieillards, qui ne savent pourtant ni lire ni écrire. Tandis qu'un d'entr'eux porte la parole, les autres obfervent le plus profond filence. Après que chaque chef a fini fa harangue, l'affaire eft mife en délibération, & on la décide à la pluralité des voix.

Lorfque le riz commence à mûrir, il eft défendu aux magiftrats de manger du fucre, de boire du vin, & de mâcher du bétel. S'ils manquoient à l'un de ces trois articles, non-feulement ils deviendroient l'objet du mépris des peuples, mais encore on eft perfuadé que les cerfs & les sangliers ravageroient les moissons. On a la bonhommie de croire dans ce pays barbare, que c'est aux chefs de la nation à donner l'exemple des vertus.

La principale fonction de ces juges est de prescrire la réparation des offenses, non en faisant arrêter les coupables, en les mettant en prison, en les punissant de mort ou d'autres peines corporelles, mais en les condamnant à des amendes plus ou moins considérables, suivant la nature du crime.

Je vous ai déjà dit, madame, que les Formosans détestent même le nom d'un dieu. Cependant comme les peuples les moins instruits aiment

ment à se donner un avenir quelconque, ceux-ci croyent qu'après cette vie, les ames passent sur un pont fort étroit, sous lequel est un canal rempli d'immondices. Ils croyent que les méchans y tombent & y languissent éternellement. Les bons au contraire, entrent dans un séjour délicieux, dont ces insulaires parlent à-peu-près comme les poetes grecs & latins de leurs champs-élysées. Ce qui damne les habitans de Formose, ce n'est ni le vol, ni le meurtre, ni la fornication ; ce dernier crime n'est regardé que comme un simple badinage. Mais ce qui passe pour une faute irrémissible, c'est d'avoir porté des habits de soie dans un tems où il falloit n'en avoir que de coton ; d'avoir mis au monde des enfans avant l'âge de trente-cinq ans ; de ne les avoir point fait avorter ; & fur-tout d'avoir couvert dans une certaine faifon, ce que les Européens ne montrent jamais fans indécence.

LETTRE XVIII.

De Canton, le 1 Juillet 1781.

J'ARRIVE, madame, dans cet empire si vaste, si ancien & si célèbre. A ces mots vous reconnoissez la Chine, que les écrivains de notre siècle ont exaltée & dénigrée tour-à-tour. Les uns, entassant mensonges sur mensonges, nous l'ont représentée comme la merveille du monde; d'autres plus outrés encore, en niant ou dénaturant ce qu'il a de respectable dans sa législation, ont exagéré ses défauts, ses abus, critiqué ses arts, ses mœurs, & nous ont peint le gouvernement chinois, comme le plus méprifable des gouvernemens, & ce peuple antique, comme le plus miférable de tous les peuples. Pour moi, madame, qui me défie également du blâme & de la louange, je veux voir par mes yeux, avant de me permettre une opinion. Comme pour parler d'une nation, il faut, je crois, avoir vécu avec elle, & l'avoir étudiée; je vais d'abord parcourir les provinces de cet empire. Après vous avoir peint les objets fenfibles à la vue, je vous ferai part de mes idées fur la conftitution, les mœurs & les ufages des Chinois. Si mes obfervations n'ont pas le mérite de la fingularité, elles auront du moins la vérité pour elles : je me flatte, madame, que dans un siècle comme le nôtre, vous apprécierez justement ce mérite, qui pourroit bien être une vertu dans un voyageur.

LETTRE XIX.

De Canton, le 3 Juillet 1781.

Voulez-vous, madame, connoître Canton ? Figurez-vous une cité immense, qui est comme un composé de trois villes différentes, séparées par de hautes murailles, & qui égale Paris en circuit & en population. Les rues en sont longues, assez étroites, alignées & bien pavées. Les maisons sont fort serrées; & l'on y a ménagé le terrein avec beaucoup d'économie. La plupart ne sont construites que de terre, avec des accompagnemens de brique, & une couverture de tuile. La ville des Tartares, qui est du côté du nord, a de grandes places vuides, & n'eſt d'ailleurs que médiocrement peuplée; mais du centre juſqu'à la ville Chinoiſe, elle eſt bien bâtie, coupée par de belles rues, & ornée d'arcs de triomphes. Le palais où s'aſſemblent les lettrés, celui du Vice-Roi, du général des Troupes, & de quelques Mandarins, ont une ſorte de magnificence, mais bien différente de celle que nous connoiſſons en Europe. On voit d'aſſez beaux temples environnés de cellules de Bonzes, qui ſont les religieux du pays. La ville Chinoiſe n'a rien de remarquable, à la réſerve de quelques rues bordées de riches boutiques du côté de la rivière; le fauxbourg qui eſt à l'oueſt eſt mieux peuplé, & de la plus belle apparence. Ses rues dont le nombre eſt infini, ſont couver-tes de tentes à cauſe de la grande chaleur; & comme ce quartier eſt rempli de marchands, on croit, en les parcourant, ſe promener à Paris dans la rue Saint-Honoré.

En général, Canton eſt ſi plein de monde, qu'on y eſt arrêté à chaque pas. Les gens, qui vont en chaiſes à porteurs, font courir devant eux un homme à cheval qui débarraſſe le paſſage. Le peuple qui remplit les rues, & ſur-tout les portes-faix, ont les piés, les jambes, & quelquefois la tête nuds. D'autres ſe la couvrent avec de grands chapeaux de paille d'une figure bizarre pour se garantir du soleil; ils sont tous chargés de quelque fardeau; car on ne se sert ni de voitures, ni d'animaux pour porter ce qui se vend ou ce qui s'achete.

Au bout de chaque rue est une barrière, qui se ferme aussi-tôt que le jour disparoît. Tout le monde est obligé alors de se tenir dans sa maison, & cette police, qui entretient la tranquillité dans les plus grandes villes, est en usage dans toute la Chine.

Le matin, quand les portes s'ouvrent, & le soir, avant qu'on ne les ferme, la foule de ceux qui entrent & qui sortent est si grande, qu'on est obligé d'attendre un tems considérable pour passer à son tour.

Ce qu'il y a de remarquable; c'est que dans ce nombre d'allans & de venans on ne rencontre pas une femme.

Les habitans de Canton font laborieux, actifs, intelligens; quoiqu'ils ayent peu de vivacité pour l'invention, ils imitent avec une facilité surprenante les ouvrages que leur montrent les Européens, & exécutent avec une même adresse tous les desseins qu'on leur donne. L'argent qu'on y apporte des pays les plus éloignés y attire des marchands de toutes les provinces; & l'on trouve dans cette ville ce qu'il y a de plus curieux & de plus rare dans tout l'empire.

LETTRE XX.

De Canton, le 6 Juillet 1781.

Tout ce que j'ai lu sur la Chine, m'inspire tant de vénération pour ses Habitans, tant d'envie de les connoître, que je visite sans cesse les lieux les plus fréquentés, dans l'espérance, parmi cette foule d'étrangers qui abordent ici de toute les parties du monde, de trouver quelqu'un qui satisfasse mon empressement. Hier, tout occupé de cette idée, je vis venir à moi un homme dont le visage ne m'étoit pas inconnu; c'étoit en effet un Prêtre des Missions Etrangères, qui avoit été mon camarade de collège. Il étoit établi depuis quelque tems à la Chine, & étoit venu à Canton pour des affaires relatives à sa mission. Il est instruit des usages & de l'histoire du pays ; & dans ces climats éloignés, je reçois de lui les secours & les éclaircissemens dont j'ai besoin.

« Quand vous aurez vu, me dit-il, toutes les villes de la Chine, vous remarquerez entr'elles une si grande ressemblance, que c'est presqu'assez d'en avoir connu une pour se former une idée générale de toutes les autres. La figure en est quarrée, du-moins autant que le terrein l'a permis; douze grandes rues qui se croisent la coupent du midi au septentrion, & du levant

vant au couchant. Le centre forme une place d'où l'on apperçoit les quatre portes. Chaque portion du quarré est encore coupée par de longues rues, les unes fort larges, les autres plus étroites, bordées de maisons qui n'ont que le rez-de-chaussée, ou tout au plus un étage. Un fossé, un rempart, une forte muraille, & des tours forment l'enceinte des villes Chinoises, de celles même qu'on appelle *Villes de Guerre*. Les habitans n'ont point suivi le modèle de nos places fortes, même depuis qu'ils font usage du canon.

» Dans l'intérieur de la cité, on voit d'autres tours fort hautes, & qui le paroissent encore davantage par le peu d'élévation des maisons. Dans les rues, on trouve des arcs de triomphe, des temples assez beaux, des monumens en l'honneur des grands hommes de la nation, & des édifices publics, plus remarquables par leur étendue que par leur magnificence. Les boutiques sont ornées de porcelaine, d'ouvrages vernissés & d'étoffes de soie. Devant chaque porte est exposé, en forme d'enseigne, un écriteau de bois enluminé, & enchassé proprement dans une bordure, sur lequel sont marquées en gros caractères les différentes sortes de marchandises dont les boutiques sont pourvues. On y voit le nom du marchand avec cet écriteau :

Il ne vous trompera pas. Ces tableaux, hauts de sept à huit piés, & posés sur un piédestal à égale distance devant les maisons, forment une perspective aussi agréable que singulière; c'est même en cela seul que consiste presque toute la beauté des villes chinoises.

» L'empire en contient plus de quinze cens, continua le missionnaire, sans y comprendre une quantité innombrable de forts, de citadelles, de bourgs & de villages, dont on peut dire que toute la Chine est couverte. Plusieurs de ces bourgades, aussi vastes & aussi peuplées que les plus grandes villes, sont fermées par des murailles de terre, ordinairement fort basses.

Les maisons sont aussi de terre battue, & de très-vile apparence, & vous voyez que celles des villes ne sont guère plus magnifiques.

» Les Chinois condamnent la multiplicité de nos étages, & tremblent de peur, quand on leur parle de la hauteur de nos escaliers. Une autre différence encore plus sensible est la manière dont les fenêtres sont distribuées. Ils n'en ont point du côté de la rue, pour ne pas, disent-ils, se donner en spectacle. Ils élèvent même derrière la porte d'entrée un petit mur à hauteur d'appui, & y posent une espèce de paravent de bois, pour ôter à ceux qui entrent la vue de ce qui se fait dans les appartemens.

» Le gouvernement, pourſuivit le miſſionnaire, eſt à-peu-près le même dans toutes les capitales de la Chine ; & ce que vous voyez ici ſe paſſe également dans les principales villes du royaume : ſeulement le nombre des officiers y eſt plus ou moins conſidérable, ſelon l'étendue de leur département. Le premier eſt le commandant général de la province ; il eſt auſſi receveur des deniers qui ſe perçoivent ſur le ſel, & dont il rend compte au ſurintendant des finances, qui eſt à Pékin. Le commandant général de la province de Canton a pour ſa garde & à ſa diſpoſition, cinq mille hommes de troupes. Sa réſidence ordinaire eſt la ville de

Tchao-Quinq, diſtante de vingt lieues de celle de Canton, où il ſe rend lorſque des affaires importantes l'y appelent. Le ſecond officier eſt le lieutenant général de police, & le grand tréſorier des douanes, tant de mer que de terre. Il eſt également comptable au ſurintendant des finances; ſa garde eſt de trois mille hommes, & il réſide à Canton même. Le troiſième & le quatrième ſont les deux préſidens, l'un de l'examen qui a lieu tous les trois ans, pour ceux qui aſpirent au degré de Licencié, & l'autre de celui qui ſe fait tous les dix-huit mois, pour le Baccalauréat. Ces examens finis, les deux officiers s'en retournent à Pékin.

» Le cinquième Mandarin qui réside à Canton, est l'intendant de la province, & le receveur général des impôts qui se lèvent sur les terres. Chaque gouverneur de ville est obligé de lui faire tenir régulièrement les deniers de son district; & l'intendant les ayant rassemblés, les envoie au surintendant, après avoir retenu ce qu'il faut pour payer les charges publiques. La levée de ces deniers se fait dans un très-bon ordre; il en est de même des douanes, de la taille, de la gabelle, &c. On ne voit point de traitans insolens, de fermiers avides, de commis brutaux & violens, qui foulent le peuple par des exactions injustes & criantes. Chaque année, au tems de la moisson, les champs sont mesurés & taxés en raison de leur produit réel & visible. Soit que les Chinois n'ayent pas dans le caractère cette mauvaise foi dont on les accuse, ou que, semblables à plusieurs des peuples anciens, ils ne soient infidèles & trompeurs qu'avec les étrangers, le gouvernement prend assez de confiance en eux, pour ne pas les vexer & les molester par des recherches & des visites importunes. L'unique peine qu'on impose aux contribuables trop lents à s'acquitter des charges publiques de l'impôt, est qu'on envoie chez eux des vieillards, des infirmes, & des pauvres pour y vivre à leurs dépens, jufqu'à ce qu'ils aient payé leur dette à l'état. C'eft la commifération; c'eft l'humanité, qu'on va folliciter dans le cœur du citoyen, par le fpectacle de la mifère, par les cris & les pleurs de la faim, & non pas révolter fon ame, & foulever fon indignation par la violence des faifies, par les menaces d'une foldatefque infolente, qui vient s'établir à difcrétion dans une maifon ouverte aux cent bouches du fifc.

» Le fixième officier eft le grand magiftrat pour les caufes capitales, ou le lieutenant criminel. Il envoie fon jugement au tribunal qui décide fouverainement à Pékin de ces sortes d'affaires, & qui, après l'avoir examiné, en fait son rapport à l'empereur. Ce prince ratifie la sentence, la commue, ou fait grace au coupable. Il est très-rare de voir dans ces sortes de places des juges dont on corrompe l'intégrité; par ce que leur conduite & les plaintes du peuple sont examinées avec l'attention la plus rigoureuse. Si quelque magistrat est convaincu d'injustice, il est condamné à perdre la vie ou au moins sa charge, & déclaré incapable d'en posséder jamais d'autres. Tous les procès se vuident gratuitement; les juges civils & criminels ont des appointemens suffisans, & n'osent rien exiger des parties. On ne connoît par conséquent, ni les épices, ni les honoraires. Les pauvres peuvent poursuivre leurs droits, sans crainte d'être opprimés par des adversaires riches & puissans.

» Outre ces officiers, il y en a d'autres qui leur sont subordonnés dans leur département; & ceux-ci ont également des subalternes qui partagent avec eux les soins de l'administration. Tous ces Mandarins ont encore dans les villes & dans les villages, plusieurs commissaires établis pour veiller à tout ce qui se passe, afin que sur leur rapport, ils puissent avec plus de facilité y pourvoir par eux-mêmes, & maintenir par-tout le bon ordre & la tranquillité, qui font l'objet principal du gouvernement.

» Le directeur des postes vient ensuite sur les rangs. Elles sont réglées à-peu-près comme en Europe. A chaque borne, qui marque environ une lieue de France, il y a des couriers qui font une diligence incroyable; & à chaque huitième borne, on trouve des maisons royales & publiques, où logent les officiers de distinction, qui y sont reçus aux dépens de l'empereur. On leur fournit des voitures, & toutes sortes de commodités. Ces postes ont été établies pour le service de la cour; & c'est le prince qui fait les frais des chevaux qui sont toujours en très grand nombre; mais les particuliers ne laissent pas d'en profiter également ; en donnant une petite rétribution au directeur, ils sont sûrs que leurs dépêches sont exactement rendues.

» Après le dénombrement des magistrats & officiers de police, il est à propos de vous parler aussi des officiers militaires ou mandarins d'armes, tartares & chinois, qui portent tous la marque de leur dignité. Le premier officier de la milice chinoise commande les troupes de sa nation dans chaque province ; celui de Canton ne réside point dans cette capitale comme le général tartare, mais dans une des autres villes du premier rang, & il a sous ses ordres cinq mille hommes, tant d'infanterie que de cavalerie. Il y a d'autres officiers généraux employés dans la province; ils commandent à différens corps de troupes, qui, réunies à celles dont je viens de parler, composeroient dans la seule province de Canton une armée de plus de trente mille combattans.

» Le général tartare est le seul qui tienne ses troupes dans le lieu de sa résidence. Son quartier forme dans l'enceinte même de la plupart des capitales comme une ville séparée, & environnée de murailles. Les généraux chinois divisent les leurs dans toutes les places de la province. Celle de Canton contient dix villes du premier ordre, neuf du second, & soixante du troisième, qui, suivant l'importance de chacune, ont toutes une garnison suffisante pour contenir le peuple dans le devoir.

» Les garnisons chinoises diffèrent des nôtres, en ce que les soldats, qui les composent, ne sont pas ambulans comme en France ; ce n'est point tantôt un régiment, tantôt un autre, qui garde telle ou telle ville ; mais les mêmes soldats demeurent quelquefois vingt ans de suite dans un même endroit. Ces troupes sont dans des lieux séparés du reste des habitans ; elles ont des espèces de casernes, dans l'enceinte desquelles chaque soldat a sa maison : sur le devant est une petite cour; & par derrière un petit jardin : la cour & le jardin sont à-peu-près de la même grandeur que la maison. Il faut qu'il y ait de quoi loger un soldat, sa femme & ses enfans; car les gens de guerre, comme le reste du peuple, sont presque tous mariés. De plus, les maisons ne communiquent point les unes aux autres; elles sont séparées par des murailles de la hauteur de six à sept piés, afin que les femmes ne soient pas vues dans la liberté de leurs ménages; car c'est ici une espèce de crime à un homme de regarder la femme d'autrui.

» Quand un officier civil ou militaire a fait quelque bonne action, qui mérite qu'on y ait égard, il en est aussi-tôt récompensé par une *note honorable*. Ces notes se donnent aux premiers mandarins par les cours souveraines ; & aux mandarins subalternes, par les vicerois. Un magistrat qui aura bien jugé une affaire difficile, un colonel qui aura bien exercé sa troupe, recevront une *note honorable*; comme un écolier qui a bien fait son thême gagne un *point de diligence*. Quatre de ces notes valent un *degré* qui ne s'accorde que pour des actions importantes. Ces degrés sont insérés dans un catalogue que l'on envoie à la cour; & si ce magistrat, si ce colonel, viennent ensuite à commettre quelques fautes, au lieu d'être privés de leurs emplois ou de leurs appointemens, on efface du catalogue un ou plusieurs degrés; ainsi que le retranchement de quelques *points de diligence* sauve à l'écolier une plus forte punition.

» Outre l'utilité de ces notes, elles sont encore si glorieuses, que les mandarins ne manquent jamais d'en faire mention parmi leurs titres; *moi, premier mandarin de telle ville, honoré de six notes*. Telle est la superbe inscription qu'ils mettent à la tête des ordres qu'ils envoient aux peuples de leur département. Un mandarin, à qui on auroit retranché deux ou trois de ces notes, seroit également obligé de le marquer dans tous les ordres qu'il publie ».

Après plusieurs autres observations, le missionnaire, dont les affaires vont être bientôt terminées, m'a proposé de me rendre, avec lui à Pékin. J'ai accepté cette offre avec d'autant plus de plaisir qu'il m'a promis de me faire traverser les principales provinces de cet empire. Le jour de notre départ est très-prochain, sans cependant être fixé; en conséquence, je vais faire mes petits arrangemens : car quoi que vous en disiez, madame, je ne voyage pas comme ces héros de romans, qui, avec des trésors & des pierreries, manquent d'habits, de linge & de vivres.

LETTRE XXI.

De Pékin, le 15 Septembre 1781.

JE vais, madame, vous rendre compte de ce qui s'est passé pendant notre route; vous saurez d'abord que nous avons eu pour compagnon de voyage un mandarin qui alloit solliciter une place importante auprès de l'empereur. La société de ce militaire nous a été aussi utile qu'agréable. Avec la patente ou le billet de poste dont il s'étoit muni, nous avons trouvé toutes sortes de secours. Cette patente consiste en une feuille de papier, imprimée en caractères tartares & chinois, & scellée par le tribunal souverain de la milice. Elle ordonne aux bureaux de fournir, sans délai, un certain nombre de chevaux, avec ce qui est nécessaire pour la subsistance du mandarin & de sa suite ; de le loger dans les hôtelleries publiques ; & lorsqu'il est obligé de prendre la route d'eau, de lui procurer des barques, & les autres choses dont il peut avoir besoin. Le sceau imprimé sur cette patente a trois pouces de largeur en quarré, sans autre caractère que le nom du tribunal, & de ses principaux officiers.

La sûreté, l'embellissement & la commodité des grands chemins m'ont paru avoir fixé d'une manière particulière l'attention du gouvernement. Ces chemins sont d'ordinaire fort larges, bien unis & pavés. Dans plusieurs provinces on a pratiqué des passages sur les plus hautes montagnes, en applatissant leurs sommets, en coupant les rochers, en comblant les vallées & les précipices. Les canaux, dont le pays est traversé, sont bordés de quais; & dans les parties marécageuses, on a élevé de longues digues pour la sûreté des voyageurs. Il y a des endroits où les grands chemins sont comme autant d'allées, qui me rappelloient sans cesse ces belles routes de France, monumens à jamais glorieux du règne de Louis XV. D'autres sont enfermés entre deux murs fort élevés, pour empêcher qu'on n'entre dans les campagnes. Ces murs, dans les lieux de traverse, ont des ouvertures qui aboutissent à différens villages.

Les mandarins de chaque district ont ordre de veiller à l'entretien des chemins, & la moindre négligence est punie avec sévérité. Un de ces officiers n'ayant pas fait assez de diligence pour réparer une route par laquelle l'empereur devoit passer, aima mieux se donner la mort, que de s'exposer à un châtiment inévitable, que nos intendans trouveroient bien moyen d'éviter, s'ils étoient dans le même cas.

Dans les endroits fréquentés, on rencontre, de distance en distance, tantôt des tours surmontées de guérites, pour y loger des sentinelles; tantôt des monastères de bonzes où l'on exerce l'hospitalité; tantôt des reposoirs, en forme de grottes, où les voyageurs peuvent se mettre à l'abri de la pluie, du froid ou de la chaleur. Ces hospices agréables & commodes, sont ordinairement bâtis par de vieux mandarins, qui, retirés dans leurs provinces, cherchent à se rendre recommandables par des ouvrages utiles au public.

Les sentinelles sortent de leurs corps-de-garde, & se mettent en rang quand un officier de marque doit passer sur cette route. Comme la campagne est couverte de grands chemins,

chemins; à chaque inſtant on apperçoit quelques-unes de ces tours: auſſi les voleurs ſont-ils très-rares à la Chine, & n'ôtent preſque jamais la vie à ceux dont il leur ſuffit d'avoir la bourſe.

Ces mêmes tours ſervent auſſi à marquer les diſtances d'un lieu à un autre, & indiquent les noms des principales villes. Les ſentinelles ſont encore chargées de porter les lettres de la cour, & les font paſſer de main en main juſqu'aux gouverneurs des villes & des provinces.

La première ville de la province de Canton, dans laquelle nous nous arrêtâmes, ſe nomme *Chao-Tcheou-Fou*. Il eſt à propos, madame, de

Voyages. Tome

vous apprendre la signification de ces divers noms, que portent un grand nombre d'autres villes de la Chine. Celles qui se terminent en *Fou* sont des cités du premier ordre, qui en ont plusieurs autres dans leur dépendance. On appelle *Tcheou*, celles du second rang, qui président à leur tour sur de moins considérables, nommées *Hien*, ou villes du troisième ordre.

Les Chinois en comptent d'abord sept ou huit, qui sont pour le moins aussi grandes que Paris; & Pékin le surpasse de beaucoup par le nombre des habitans. Plus de quatre-vingt villes ensuite sont comme Lyon, Rouen, ou Bordeaux. Il y en a près de trois cens comme Orléans, Reims & Dijon, &c. Les villes du premier ordre font celles où réside un gouverneur en chef; les autres ne font soumises qu'à un seul mandarin, quoiqu'aussi grandes quelquefois & aussi peuplées que celles du premier rang.

Nous ne restâmes pas long-tems à Chao-Tcheou, parce que l'air n'y est pas sain, & qu'il y règne des maladies qui enlèvent quelquefois un grand nombre de ses habitans. Nous en partîmes pour visiter la province de Canton. Près d'un lieu appellé *Nan-Hiong*, nous vîmes, sur le haut d'une montagne, un chemin admirable, qui a plus d'une lieue de longueur, bordé de deux côtés de précipices effrayans ; mais comme il est fort large, on n'apprend point qu'il y soit jamais arrivé d'accident ; c'est la route la plus fréquentée de la Chine, parce qu'elle est devenue le passage de tout ce qui arrive de l'orient & du midi : aussi y voit-on autant de monde que dans les rues des plus grandes villes. A côté est une espèce de temple, érigé à la gloire du mandarin qui l'a fait construire ; & plus loin, un monument de pierre, élevé par des marchands, à la gloire d'un vice-roi qui avoit obtenu une diminution considérable des droits de la douane.

Ces douanes sont ici beaucoup moins rigoureuses qu'en France ;

non-feulement on ne fouille pas comme font quelquefois nos commis de la barrière, groſſièrement & avec humeur; mais il eſt même très-rare qu'on ouvre les caiſſes & les paquets. Si le voyageur eſt un homme de quelqu'apparence, on ne fait point la viſite de ſes coffres, & l'on n'exige rien de lui. « Nous voyons bien, diſent les gardes, que monſieur n'eſt point un marchand ». Il y a des lieux où on lève les droits en nature; & l'on s'en rapporte à la déclaration du voiturier. Dans d'autres, on fait payer tant par poids; & cela ne ſouffre aucune difficulté. On ne viſite point les paquets adreſſés aux gens de la cour.

Ce qui me frappa le plus dans cette province, c'est la beauté & la magnificence de ses ponts. Comme j'en témoignois mon admiration au missionnaire : « que direz-vous donc, reprit-il, lorsque vous verrez dans le Fo - Kien, le Quey - Tcheou, le Chensi, le Pekéli, les différens chef-d'œuvres que la Chine offre en ce genre? Il y a des ponts dont le sol est absolument plat; c'est-à-dire, qu'au lieu d'y faire des voûtes, on a couché transversalement de longs quartiers de pierre, qui portent sur des piliers isolés: j'ai remarqué un de ces ponts qui a au moins deux mille cinq cens piés de longueur, & est soutenu par plus de trois cens piliers, asfez élevés pour donner passage à de grosses barques, avec leurs mâts & leurs voiles. Les deux côtés sont bordés de balustrades, sur lesquelles on voit, à égale distance, des globes, des lions & des pyramides.

On rencontre communément des ponts de sept, huit ou neuf arches toutes de marbre. D'autres sont ornés aux deux extrémités d'arcs de triomphe, hauts, majestueux, & d'une parfaite exécution. Le pont du fossé qui environne, à Pékin, le palais de l'empereur, est un ouvrage merveilleux; il représente un dragon d'une taille extraordinaire, dont les piés servent de piliers; le corps forme l'arche du milieu, la queue une autre, la tête une troisième; la masse entière est de jaspe noir, & toutes ses parties sont si parfaitement jointes, qu'on les croiroit d'une seule pièce.

Ce qu'on appelle à la Chine le *pont de fer*, est effectivement formé de l'assemblage de plusieurs chaînes de ce métal. Il est bâti sur un torrent dont le lit est fort profond. Sur chaque bord on a élevé deux grands massifs de maçonnerie, d'où pendent plusieurs chaînes qui s'étendent d'une rive à l'autre; & sur lesquels on a jetté de gros madriers. J'ai vu ailleurs se servir de cables au lieu de chaînes, & poser dessus quelques planches tremblantes & mal affurées. Leur agitation, jointe à la vue des précipices, rend ce paffage terrible pour les voyageurs.

» La multitude de ces ponts forme une perspective noble & agréable dans les lieux où les canaux font en droite ligne. Les Chinois en ont pratiqué d'admirables fur des torrens qui roulent dans les montagnes. Il y en a un qu'ils appellent le *pont volant*, parce qu'il paroît conftruit dans les airs. Il eft d'une feule arche; fes deux extrémités font appuyées fur des hauteurs, entre lefquelles une rivière coule dans une vallée très-profonde. Sa longueur a plus de fix cens piés; & la hauteur de l'arche près de sept cens. Je n'ai jamais rien vu d'auſſi hardi. Quand je toiſai de l'œil, d'une part, les deux montagnes qu'il rapproche, de l'autre, l'arcade qui, s'élevant avec majeſté du fond de l'abîme, préſente dans l'air un chemin ſûr & ſolide, je me ſentis accablé de l'immenſité de l'ouvrage, & fus long-tems à revenir, & de mon admiration pour le pays qui ſe ſignale par de ſi étonnantes merveilles, & de ma honte pour le nôtre, qui eſt ſi loin d'oſer les imiter. Ne pouvant me perſuader que ces victoires remportées par l'art ſur la nature fuſſent dues à des êtres humains, je réaliſois ces chimères orientales, qui ſoumettent au service de l'homme des génies maîtres des élémens ; je me croyois devant les chef-d'œuvres de ces esprits tout-puissans, que l'on voit dans les Romans Asiatiques, au coup de baguette d'un magicien, bouleverser le monde, & changer la face de l'univers.

» Mais la Chine a peu de ponts comparables à celui de *Fou-tcheou-fou*, capitale de la province de *Fo-Kien*. Le fleuve qui est très-large, forme, en se divisant, plusieurs petites isles, qui sont unies par d'autres ponts. Le principal offre plus de cent arches bâties de pierres, avec des balustrades de chaque côté mêlées de toutes sortes d'ornemens. L'entretien seul de ces chef-d'œuvres coûte annuellement des sommes immenses, que l'état distribue toujours avec la plus grande générosité. Souvent un seul particulier, un simple Mandarin fournit à une partie de cette dépense, dans la vue de procurer à sa nation des commodités, dont nous n'avons pas même l'idée. En France, un citoyen riche & éclairé, qui formeroit de pareilles entreprises, trouveroit dans la jalousie de ses compatriotes, presqu'autant d'obstacles que la nature pourroit en opposer au constructeur ».

En quittant la province de Canton, nous arrivâmes dans le Honan, la plus délicieuse & la plus riante province de l'empire. On la nomme

nomme *la fleur* ou *le jardin de la Chine*. L'univers n'a point de lieu qu'on puisse lui comparer. Entre ses curiosités naturelles, on nous fit remarquer une espèce de lac dont l'eau donne un lustre inimitable à la soie ; cette propriété y attire un nombre infini d'ouvriers pour les manufactures.

La capitale, nommée *Key-Fong-Fou*, est située dans un lieu si bas, que la rivière est plus haute que la ville. On y a construit des digues qui règnent dans l'espace de trente lieues. Elles furent rompues durant un siège, & il y périt trois cens mille habitans.

Il n'est point de pays où les étrangers soient mieux reçus que dans

Voyages. Tome *IV.* G

la province de Chenſi, voiſine de celle d'Honan, ni où les habitans aient plus de douceur & de politeſſe. On prétend que c'eſt la première contrée de la Chine qui ait été habitée ; c'eſt auſſi une des plus fertiles. Elle renferme pluſieurs mines d'or, mais il eſt défendu d'y fouiller pour ne point détourner le peuple des travaux de la campagne.

L'ancienne route, qui, au travers des montagnes, conduiſoit à la capitale, eſt un ouvrage admirable, qu'on ne ſe laſſe pas de voir, & qui cauſe toujours un nouvel étonnement. Elle fut achevée avec une diligence incroyable, par plus de cent mille ouvriers qui prirent le niveau des hauteurs, & firent des ponts pour la communication d'une montagne à l'autre.

Singan, capitale de cette province, eſt une des plus belles villes, des plus grandes & des mieux peuplées de la Chine. On y apperçoit encore les reſtes d'un vieux palais, qui ſervoit de demeure aux anciens rois du pays, lorſque ce diſtrict formoit un état particulier. On nous y fit voir un tombeau que les habitans prennent pour celui de *Fo-hi*. Si cette tradition n'eſt pas fabuleuſe, c'eſt ſans contredit le plus ancien monument qui exiſte dans le monde.

En tournant au midi, nous entrâmes dans le Se-tchuen arrofé par deux rivières qui ont des propriétés remarquables. L'une procure au velours un luftre & un éclat inimitable ; l'autre eft très-eftimée, par la trempe excellente qu'elle donne aux inftrumens de fer.

La province de Quey-Tcheou, où j'entrai au fortir de celle de Se tchuen, eft un pays fi pauvre, fi ftérile, que l'état, loin d'en tirer aucun avantage, eft obligé de nourrir le peuple qui l'habite. Ces gens font peu civilifés, & n'ont prefqu'aucune communication avec les autres Chinois. Ils vivent dans des montagnes, à la manière des fauvages, & la plupart ne connoiffent point de maître.

Quelle haute idée je pris de la Chine, quand, de cette province misérable, j'entrai dans le beau pays d'Yun-nan, & que je pénétrai dans l'intérieur de l'empire! Les derniers paysans me parurent avoir plus de politesse, d'égards, d'attachement aux bienséances, de douceur & d'humanité, qu'il n'y en a peut-être en Europe dans la noblesse même. La régularité, la grandeur des villes, la simplicité dans les maisons particulières, la magnificence dans les édifices publics, l'extérieur sage & doux des peuples; le commerce continuel de bons offices, dont les campagnes & les grands chemins donnent le spectacle; le bon ordre au milieu du mouvement, l'industrie toujours en activité, l'art de cultiver les terres, leurs productions; l'amour constant de la nation pour le prince qui la gouverne, pour les loix qui la dirigent; le respect inviolable du monarque pour le droit de propriété de ses sujets, pour le contrat social qui l'a mis sur le trône; d'une part, l'autorité paternelle qui commande avec bonté; de l'autre, la soumission filiale qui obéit avec tendresse: telles étoient les merveilles que je ne pouvois me lasser d'admirer, & dont les mœurs Chinoises offrent par-tout des exemples.

La province d'Yun-nan est arrosée d'une multitude de lacs &

de rivières qui y répandent une fertilité admirable. L'or que les torrens entraînent des montagnes, mêlé avec le sable, peut faire conjecturer qu'elles renferment de riches mines de ce métal.

Les pays de Hou-quang, placé au centre du royaume est si fertile en toutes sortes de grains, qu'on l'appelle *le grenier de l'Empire.* Il a presque la même étendue que la France ; & Vou-Chang-Fou, sa capitale, ne le cède point à Paris pour la grandeur, en y comprenant Han-Yang-Fou, qui n'en est séparée que par la rivière. C'est un des lieux les plus fréquentés & les plus peuplés de l'empire. Han-Yang-Fou n'est point inférieur à

Lyon; & si vous joignez à ces deux villes huit ou dix mille barques, & cent navires répandus dans l'espace de deux lieues, sur une rivière six fois large comme la Seine, vous conviendrez que, pour quiconque observe d'un côté, cette forêt de mâts, & de l'autre, la vaste étendue de terrein, couvert d'une infinité de maisons, l'univers n'a rien, dans ce genre, qui approche d'un si beau spectacle. Le Kyang, quoiqu'à cent cinquante lieues de la mer, est assez profond pour recevoir les plus grands vaisseaux, & faire circuler dans ces deux villes toutes les richesses de l'état. Le commerce est également florissant dans celle de

Kin-Tcheou-Fou, presqu'aussi peuplée que la précédente. La situation en est si importante, qu'il est passé en proverbe, que qui seroit maître de Kin-Tcheou, pourroit disposer en maître de la Chine.

Le Fo-Kyen, quoique petit, est regardé comme une des plus considérables provinces de l'empire. Sa situation favorise le commerce qu'elle fait aux isles Philippines, au Japon, à Java, à Siam, &c. Quelques montagnes, couvertes de forêts, lui fournissent des bois de construction : d'autres, taillées en amphithéâtres du pié jusqu'au sommet, & partagées en terrasses, s'élèvent par étages. On y pratique des réservoirs, où se ramassent les eaux de la pluie; & souvent la rivière même qui baigne le pié de la colline, en arrose la cîme, par un effet de cette heureuse industrie, qui simplifiant & multipliant les machines, diminue le nombre des bras & le travail des hommes.

Je ne passerai pas sous silence Tcheou-Fou, capitale de la province de Tche-Kyang. Les habitans donnent à cette ville un nom qui répond à celui de *paradis terrestre*. Sa figure est ronde, contre l'ordinaire de presque toutes celles de l'empire. Ses rues, qui ne sont pas larges, ont pour ornemens une infinité d'arcs de triomphe, érigés en l'honneur de ses plus illustres citoyens.

Ces monumens sont très-communs dans tout le royaume; & il faut peu de chose pour les obtenir. Qu'un homme parvienne au doctorat, on lui érige un trophée; sa famille, ses amis, ou ses compatriotes, en font les frais. On en élève principalement à la gloire des princes & des guerriers. Ces arcs ont ordinairement trois portes, formées par des colonnes ou par des pilastres, sans chapiteaux & sans corniches. La frise est d'une hauteur excessive, ce qui laisse beaucoup d'espace pour les inscriptions & les morceaux de sculpture, dont ces édifices sont ornés. Notre architecture gothique ne présente rien d'auſſi bizarre; cependant comme ces ouvrages ſont placés dans les rues à certaines diſtances, ils forment un ſpectacle noble & agréable. On compte plus de douze cens arcs de triomphe élevés en l'honneur des princes, des hommes illuſtres, des femmes célèbres, & des perſonnes renommées pour leur ſcience ou pour leur vertu : objet d'étonnement pour un François qui ne voit dans ſa patrie aucun monument public, érigé à la gloire des citoyens ſavans, ou vertueux !

Ce qui rend la capitale de Tche-Kyang une ville délicieuſe, c'eſt le voiſinage de ſon lac. L'eau en est si pure & si claire, qu'on y distingue jusqu'aux plus petits sables. On a bâti sur ses bords des quais pavés de pierre de taille, & de grandes salles ouvertes pour la commodité de ceux qui veulent y prendre le frais. La nature a placé au centre du lac, qui a deux lieues de tour, de petites isles, où l'on a construit un temple & des maisons de plaisance. Ses rives sont bordées de monastères de bonzes, & d'autres édifices, parmi lesquels est un palais pour l'usage du Prince, quand il voyage dans cette partie de l'empire ; enfin rien n'est comparable à la beauté de tout ce canton : on y voit des plaines d'une prodigieuse étendue, coupées par une multitude infinie de canaux, cultivées avec art, & si unies, qu'on les croiroit faites au cordeau.

Cette province renferme dans son district quatre-vingt-huit villes, & un nombre considérable de bourgades très-riches & très-peuplées. Je ne vous parlerai que de Tchao-King & de Ning-Po. La première située dans une plaine immense, est, comme Venise, bâtie au milieu des eaux. Chaque rue a son canal couvert de ponts d'une seule arche : les quais qui bordent ces canaux sont pavés de pierres blanches de six piés de long, & ornés d'arcs de triomphe. Les habitans passent pour les hommes de la

Chine les plus versés dans la connoissance des loix; & quelqu'habile que soit un Mandarin, il veut toujours en avoir un chez lui pour son secrétaire. Tchao-King est encore célèbre par le tombeau de l'empereur Yu, lequel, entr'autres services rendus à sa patrie, resserra les eaux de la mer, qui inondoient une partie du royaume.

Ning-Po est un port excellent, où se fait un grand commerce de soie avec Batavia, Siam & le Japon. A vingt lieues de là, sont situées une infinité de petites isles, les unes habitées par des négocians, les autres par des Bonzes qui y ont des temples où l'on va en pélerinage; celles-ci par des Mandarins disgraciés, qui ne cherchent plus que le repos; & celles-là enfin par des pêcheurs.

Nous quittions assez souvent le chemin de terre, pour voyager sur des canaux. Aux heures marquées pour la visite générale des barques, on voit paroître les officiers de la douane en grand cortège, précédés de fanfares, & annoncés par une décharge d'artillerie. Les uns portent des enseignes, des massues; les autres, des chaînes, des parasols & d'autres ornemens ou symboles de leurs offices. Au milieu d'eux se montre un Mandarin porté par huit hommes, dans une chaise ouverte. A la fin de la procession, il en paroît un autre

d'un rang plus considérable, dans
une voiture fermée. Les habitans,
à son passage, tiennent dans leurs
mains des flambeaux allumés, d'une
composition odoriférante, tels qu'ils
en brûlent devant leurs idoles; &
se mettant à genoux, ils baissent
le front jusqu'à terre. Après la marche, les deux Mandarins vont s'asseoir dans une galerie sur le bord
de la rivière. On fait passer successivement toutes les barques devant eux. Les commis reçoivent
les noms de chaque patron; les
donnent aux Mandarins, lesquels,
sans autre recherche, taxent les
barques à proportion de leur grandeur. Tous ces officiers portent sur
l'estomac une petite pièce d'étoffe,

qui, tombant du cou, eſt liée par les côtés, & ſur laquelle on lit quelques caractères chinois.

Dans ces voyages par eau nous rencontrions des écueils qu'on n'évite qu'avec beaucoup d'habileté. Près de ces endroits périlleux, ſe trouve ordinairement un temple de bonzes. Ceux-ci demandent l'aumône aux paſſans, leur promettent des prières, & font voir de longues liſtes de matelots, qui n'ont dû, diſent-ils, leur ſalut qu'à leurs charités.

Le grand fleuve, qu'on appelle la *rivière jaune*, parce que les eaux en ſont épaiſſes & bourbeuſes, offroit à nos regards pluſieurs iſles flottantes, qu'on nous dit être l'ouvrage de l'art. C'est un composé de cannes de bambou, dont le tissu est impénétrable à l'humidité. Les Chinois bâtissent sur ce fondement, des huttes, ou de petites maisons de planches, & d'autres matériaux légers, dans lesquelles ils demeurent, eux, leurs femmes, leurs enfans & leurs bestiaux. Il y a de ces isles qui contiennent jusqu'à cent familles dont la plupart subsistent de leur commerce. Elles s'arrêtent des mois entiers dans le même lieu, & on les attache avec des pieux, qui les fixent le long du fleuve.

Nous passâmes par plusieurs villes, où l'usage n'est pas d'annoncer les marchandises par des cris mais par le son de différentes sortes d'instrumens qui servent à les distinguer. Les divers ouvriers se font connoître par le même procédé. Les barbiers, par exemple, s'annoncent au bruit des pincettes, & portent avec eux toute leur boutique sur un bâton. Le coquemard & le bassin sont suspendus d'un côté, de l'autre est une sellette avec les autres ustensiles de la barberie.

Dans les endroits, où il y a des montagnes & des passages difficiles, on trouve de petites maisons habitées par des bonzes, où du thé toujours préparé vous est offert avec autant de politesse que de modestie. Ces bonnes gens paroissoient enchantés de nos petites générosités ; & leurs remerciemens étoient accompagnés de profondes révérences : si on ne leur donne rien, ils demeurent immobiles.

Comme nous approchions de la capitale, nous vîmes les deux côtés du chemin bordés de maisons de plaisance, avec un large canal devant chaque maison, & un pont de pierre pour le traverser. On n'y trouve point, comme parmi nous, ces immenses forêts qui, comme vous savez, fournissent moins de bois qu'elles ne détruisent de moissons, par les bêtes qu'on y renferme pour le plaisir des grands & les larmes du peuple. Le charme des jardins chinois se réduit à une situation heureuse, & à des cultures agréablement diversifiées. Ils offrent des cabinets agréables, & sont plantés de cèdres & de cyprès. Enfin cette propreté délicieuse, qui annonce de loin la capitale d'un grand empire, ne cesse qu'à l'entrée des fauxbourgs.

Le mandarin, qui nous a accompagnés, nous a procuré un logement commode assez près du palais impérial. Je vous entretiendrai bientôt de ce palais, ainsi que des curiosités de la ville.

LETTRE XXII.

De Pékin, le 20 Septembre 1781.

JE vais, madame, vous faire connoître le vaste palais qu'occupe ici la famille impériale. Sa beauté consiste moins dans son architecture, que dans la multitude incroyable d'édifices, de cours, de tours, & de jardins dont il est composé. Sur un plan quarré, plus long que large, s'élèvent des bâtimens construits de brique, hauts de huit toises, couverts de tuiles jaunes, & peintes d'un vernis qui a tout l'éclat de la dorure : le toît présente des lions, des dragons, & des figures de toutes sortes d'animaux. L'enceinte, fermée par de bonnes murailles, comprend non-seulement la demeure du prince, mais plusieurs autres habitations pour ses ministres, ses officiers, & toutes les personnes attachées à son service. Elle n'a pas moins de cinq quarts de lieue de circonférence, & elle occupe le centre de la ville tartare : car vous saurez qu'à la dernière révolution les habitans de Pékin ayant été obligés de céder leurs maisons aux vainqueurs, ils bâtirent à la hâte une autre cité hors des anciens murs. Ainsi cette capitale est formée de deux villes; celle des Tartares & celle des Chinois.

Les femmes & les eunuques habitent

bitent dans l'intérieur du palais; ce lieu est fermé par une clôture particulière; neuf cours fort vastes, qui se succèdent, en aërent toute l'étendue. Elles se communiquent par de grandes portes, dont chacune a sa garde. Ces portes sont voûtées en marbre, & surmontées d'un gros pavillon. On les ouvre depuis la pointe du jour jusqu'à la nuit. L'approche en est absolument défendue aux aveugles, aux boiteux, aux bossus, aux mendians, aux bonzes, en un mot, à toutes ces espèces de gens qui peuvent inspirer du dégoût, soit par quelque difformité désagréable à la vue, soit par leur excessive malpropreté.

« La charpente du toit qui fait le couronnement des pavillons, est un assemblage confus de poutres, de solives, d'appuis disposés en saillies les uns sur les autres, & d'une construction fort bizarre ; toutes ces pièces sont peintes en verd, & semées de figures dorées. Les aîles des cours sont formées, ou par de petits corps de logis séparés, ou par de longues galeries. L'appartement du prince donne sur la dernière cour. Les portiques qui en décorent l'entrée, sont soutenus par de grosses colonnes d'un bois précieux ; tout autour, règne une plate-forme pavée de marbre blanc, ornée de balustrades, & coupée en divers endroits par des escaliers. Celui du milieu n'est qu'une rampe douce & sans degrés, par laquelle personne ne monte ni ne descend que l'empereur.

Il seroit difficile de décrire avec exactitude toutes les parties de cet immense palais ; je doute même que cette description, sans le secours d'un plan gravé, pût jamais faire une lecture agréable. Il suffit de dire, en général, qu'aucun prince dans l'univers n'est logé avec autant de grandeur & de magnificence que l'empereur de la Chine. Aussi ses sujets ont-ils donné des noms superbes aux galeries, aux portes, aux escaliers, aux cours, aux chambres, aux salles, aux tours, aux portiques de ce vaste bâtiment. La *tour suprême*, la *porte des mille arches*, la *salle de la souveraine concorde*, le *portail du ciel pur & sans tache*, le *portique de la valeur mystérieuse*, &c. C'est ainsi qu'ils distinguent les différentes pièces de ce majestueux édifice, qui formeroit seul une grande ville. La salle d'audience a environ cent trente piés de longueur sur une largeur à-peu-près égale; les lambris sont sculptés, peints en verd, & ornés de dragons dorés; les colonnes extérieures, qui soutiennent le toit, ont six à sept piés de circonférence dans la partie la plus basse, & sont décorés d'un très-beau vernis; les murailles sont d'une blancheur éclatante, mais nues, sans tapis, sans miroirs, sans peintures, sans aucune sorte d'ornement. Le trône qu'on voit au milieu de la salle est de la même simplicité : c'est-là que sa majesté reçoit les ambassadeurs.

Aux deux côtés du palais, qui n'est proprement que pour la personne du monarque, on en voit un grand nombre d'autres assez beaux, assez étendus, pour servir de logement à de grands princes. Ils ont aussi leurs dénominations particulières, & ne causent pas moins d'étonnement par leur beauté, leur variété & leur richesse. L'un est le *palais du savoir florissant* : l'empereur s'y retire quelquefois, lorsqu'il veut s'entretenir avec les favans, les confulter, ou pratiquer les jeûnes qui s'obfervent à la Chine. Un autre eft appellé le *palais du confeil de guerre* : on n'y entre que lorfque l'état eft alarmé par quelque révolte, par les pirates, ou les incurfions des tartares. Un troifième eft celui des empereurs morts : ces princes y font repréfentés fur leurs trônes, & vêtus des habits royaux. Ces figures de bois d'aigle, ont devant elles, des tables fomptueufes, des chandeliers, & tout ce qui peut fervir aux perfonnes vivantes. Dans certains jours de cérémonie, on leur offre plufieurs fervices de viandes délicatement préparées. Le *palais de la bonté & de la prudence* est le lieu où l'on rend au souverain les honneurs funèbres, immédiatement après son décès. Celui de la *compassion & de la joie* sert de résidence à l'héritier présomptif de la couronne, jusqu'à la mort du prince régnant. Le *palais florissant de l'union* est la demeure des autres fils de sa majesté impériale, jusqu'au tems de leur mariage : l'aîné se marie dans le *palais des noces royales* ; la reine mère réside dans celui *de la piété*, & les princesses dans ceux *de la bonté & du bonheur*. La seconde & la troisième reine, avec les concubines & autres femmes du monarque défunt, tiennent leur cour dans les *palais du titre dû*, *de longue vie*, & *du repos céleste*. Quand le prince veut être seul avec l'impératrice, il se rend dans le *palais de la grande amitié*, ou dans celui de la *place du repos*. Le *palais qui reçoit le ciel*, & celui *de la terre élevée*, servent aux plaisirs que prend sa majesté avec les reines du second ordre. Enfin celui de *la vertu abondante*, & un autre appellé *le palais qui enveloppe le cœur*, contiennent les joyaux de la couronne. Tous ces édifices sont renfermés dans le même enclos.

On voit hors de l'enceinte le *palais de la double fleur*, ainsi nommé parce qu'il a été bâti par un prince qui monta deux fois sur le trône de la Chine; & le *palais des dix mille vices*, où un empereur imbécile se retira avec des bonzes imposteurs, pour chercher la médecine universelle, & distiller l'eau d'immortalité. Dans l'espace d'un mois, l'ardeur de la fournaise lui causa une maladie, dont il mourut en peu de jours. Le *palais de la parfaite pureté* fut construit par les anciens monarques, sur une montagne artificielle, pour célébrer le quinzième jour de la huitième lune. Celui de *la tour florissante* est la principale résidence du souverain pendant les grandes chaleurs. Quand il veut prendre le plaisir de la pêche, assister aux combats sur l'eau, ou simplement se promener, il choisit le *palais des dix mille plaisirs*, situé sur le bord d'un lac. La ménagerie se nomme *le palais des murs du tigre*; c'est-là que sa majesté s'amuse à voir les lions, les ours, les tigres, les léopards, les loups, les singes, les paons, &c. & d'autres espèces d'animaux qui sont nourris dans cette enceinte. Les anciens rois se rendoient dans le palais appellé la *forteresse du milieu*, pour y voir faire l'exercice à trois mille eunuques; mais les empereurs tartares ont abandonné cet usage.

Princes d'Europe, vous avez des palais pour toutes les saisons; mais en avez-vous pour tous vos besoins, pour toutes vos affections, pour tous vos goûts? en avez-vous pour la santé & pour la maladie, pour la joie & pour la tristesse, pour le travail & pour le repos, pour le deuil & pour le plaisir, pour la paix & pour la guerre, pour la représentation & pour la retraite, pour l'amour & pour l'amitié, pour la liberté & pour la contrainte, comme en ont les empereurs de la Chine ?

A tous ces palais on peut joindre vingt-quatre hôtels superbes, placés aux environs du château, pour le logement des grands maîtres de la maison impériale Leur emploi consiste à prendre soin des celliers, des offices, des magasins, & des domestiques employés au service de la cour. Sous le règne des monarques Chinois, c'étoient encore des eunuques qui occupoient ces différentes places ; elles font aujourd'hui fous la direction de foixante-douze feigneurs tartares, qui ont fous eux un grand nombre d'autres officiers.

Outre cette multitude de palais, dont plufieurs feroient honneur à quelques-uns de nos rois de l'Europe, il y a dans la même enceinte un grand nombre de temples qui ont chacun leur deftination marquée : l'un eft dédié aux étoiles du nord, que ces peuples implorent pour obtenir une longue vie; dans un autre, on demande des enfans, des richeffes & des dignités.

Ces

Ces temples, ces palais, ces hôtels sont séparés les uns des autres par des murs, sur lesquels on voit régner des fleurs, des oiseaux, des dragons, & toutes sortes de figures d'animaux en reliefs. Cet assemblage d'édifices, composé de pavillons, de galeries, de colonnes, de balustrades & d'escaliers de marbre; cette multitude de toits, dont les tuiles vernies de jaune, de verd, de bleu, jettent un éclat si brillant, qu'au lever du soleil on les croiroit d'or pur, émaillé d'azur & de verd; enfin cet amas d'ouvrages & d'ornemens, les sculptures, les vernis, les dorures, les nattes, les tapis, les peintures, les pavés de marbre ou de porcelaine, forment un spectacle si magnifique, que rien au monde ne peut donner une plus haute idée de la grandeur du maître : joignez à cela les cours, les écuries, les offices, les magasins, les bibliothèques, les jardins, les lacs, les étangs, les parcs, les canaux, les bosquets, avec les bâtimens nécessaires pour loger toutes les personnes employées auprès du prince; & vous conviendrez, madame, que les plus belles villes d'Europe sont à peine comparables pour la magnificence & la grandeur à ce vaste & superbe palais.

Quoique ces différentes parties soient d'une architecture assez bisarre, on ne peut nier cependant

qu'elles ne faſſent un tout majeſ-
tueux; mais il ne faut y chercher
ni jets d'eau, ni labyrinthes, ni
ſtatues de marbre, de bronze, comme dans nos maiſons royales, ni
cette élégance, cette fineſſe, cette
perfection de travail & de goût,
qui mettent nos artiſtes ſi fort au-
deſſus de ceux de la Chine. La principale beauté des édifices du pays
conſiſte dans la diſpoſition régu-
lière des appartemens, dans la
ſtructure de leurs toits, ornés ſur
l'arrête d'une plate-bande à fleurons,
& retrouſſés par les extrêmités,
avec des dragons ſaillans dans les
coins. Au-deſſous règne un ſecond
toit, auſſi brillant que le premier,
& dont les appuis, peints en verd,

sont semés de figures dorées.

Tel est l'édifice le plus remarquable de la capitale ; les autres maisons sont propres & commodes, mais de la plus grande simplicité. Les palais mêmes des mandarins sont plus considérables par leur étendue que par leur beauté. On y voit de grandes cours, d'immenses galeries, des portes très-massives & des appartemens fort négligés. Cette simplicité vient moins du goût de la nation, qui naturellement aime le faste, que d'un ancien usage politique. Il y auroit du danger à vouloir se distinguer. On feroit un crime à un mandarin qui feroit bâtir un hôtel trop beau, trop élevé. Les censeurs établis par la police l'accuferoient devant le prince; & le moins qu'il pût lui arriver, feroit d'être obligé d'abattre fa maifon. Les tribunaux de la juftice ne paroiffent pas d'une architecture plus recherchée que les logemens des particuliers; les temples font, après le palais impérial, les édifices les plus diftingués & les plus remarquables. Les murs de la nouvelle ville font bas & mal entretenus; mais ceux de la vieille cité, conftruits de brique, ont environ quarante piés de hauteur. Plufieurs perfonnes à cheval peuvent s'y promener de front; & l'on y monte par une rampe douce, qui fe prend de fort loin. D'efpace en efpace, on a élevé de groffes tours quarrées. Le foffé eft fec, mais large & profond. Les portes, au nombre de treize, font d'une prodigieufe élévation. Auprès de chaque porte, on voit deux grands pavillons, dont l'un domine fur la campagne, l'autre fur la ville; ils ont neuf étages, percés de lucarnes: au bas eft une falle qui fert de corps-de-garde; & en dehors on a laiffé un efpace d'environ foixante toifes, qui forme une efplanade, entourée d'un demi-cercle de murailles, où cinq cens foldats peuvent faire l'exercice.

La ville de Pékin eft beaucoup plus grande que Paris. Son immenfe étendue répond à la fois au puiffant monarque dont elle fait la réfidence, & au vaste royaume dont elle est la capitale. Quoique les maisons soient plus basses que les nôtres, elles n'en contiennent pas moins de monde; car dix Chinois logent aisément où trois François se trouveroient gênés: d'ailleurs la populace n'a point de domicile dans Pékin; elle occupe les barques dont le port est couvert, & qui forment une seconde ville presqu'aussi peuplée que la première; ajoutez à cela cette foule de paysans qui arrivent tous les jours des villages voisins, & rendent cette capitale encore plus vivante: ce qui en augmente sur-tout le mouvement, c'est que les artisans, au lieu de rester dans leurs maisons, courent les rues, vont chercher de l'ouvrage en ville, & portent avec eux tous les instrumens de leur profession. Il n'est pas jusqu'aux forgerons qui n'aient leur manteau, leur enclume, leur fourneau & leur soufflet. Enfin, toutes les personnes riches, celles même qui sont d'une condition médiocre, se font suivre, par les gens qui leur sont subordonnés. Dans ce concours prodigieux, il ne se rencontre pas une femme. La multitude est si grande, qu'on croiroit que toutes les provinces de l'empire y accourent pour quelque spectacle extraordinaire. Joignez-y cette quantité infinie de chevaux, de mulets, de chameaux, de voitures nécessaires, soit pour les apprivisionnemens de la ville, soit pour l'usage des personnes qui ne vont point à pié. Pour douze ou quinze sols on se fait mener pendant une journée entière à cheval ou sur une mule. Les voitures ne vont pas plus vîte que les gens de pié ; on ne se croit pas même déshonoré en souffrant que les chevaux cèdent le pas aux citoyens ; & l'on ne permet pas que des traitans, des courtisannes & des petits-maîtres se disputent la gloire d'épouvanter l'honnête bourgeois, fuyant à grands pas, de peur d'expirer sous les roues de leur char. Vous y verriez encore moins le spectacle révoltant & risible de mille carosses, mutuellement accrochés, & demeurans immobiles des heures entières, tandis que l'homme doré, l'homme imbécille, qui se fait traîner, oubliant qu'il a des jambes, se lamente de ne pouvoir avancer.

Par-tout on rencontre à Pékin différens pelotons d'hommes assemblés pour regarder des charlatans, écouter des diseurs de bonne aventure, des chanteurs, des farceurs, des comédiens. Dès qu'un magistrat, un homme de qualité, un mandarin marche avec ceux qui composent son tribunal, on voit cette multitude se ranger de côté & d'autre, pour faire place à ce nombreux cortège, qui suffiroit seul pour embarrasser toute la ville. Si c'est un prince du sang, un seigneur de la cour, il est escorté d'un corps de cavalerie. Les rues sont heureusement fort larges; car jamais on ne se retireroit de ce chaos; elles sont presque toutes tirées au cordeau; la plupart ont une lieue de longueur, & sont bordées de riches boutiques qui font un effet admirable; quoiqu'en général, le peu d'élévation des maisons nuise à la beauté de la vue; mais les pilastres peints & vernis, rangés des deux côtés de chaque boutique, forment un embellissement pour les rues, & leur donnent l'air d'une décoration de théatre.

On vend aussi de petits livres comme à Paris, où les rues, les places, les temples, les hôtels font marqués, avec les noms, les qualités, les demeures de tous les officiers publics, pour la commodité de ceux qui peuvent avoir recours à leur ministère.

La ville est partagée en une infinité de quartiers soumis à certains chefs, qui ont inspection sur dix ménages, & rendent compte au gouverneur de tout ce qui se passe dans leur district. Les maisons d'un même quartier doivent se défendre & se garder mutuellement. S'il s'y commet un vol, ou quelqu'autre désordre, elles en font toutes responsables. Chaque père de famille répond aussi de la conduite de ses enfans & de ses domestiques; il est obligé de placer sur sa porte un écriteau, qui indique le nombre & la qualité de ceux qui demeurent avec lui. La ville est gardée par des soldats qui, marchant toujours le fouet à la main, frappent sans distinction, sur tous ceux qui causent du tumulte.

Les mêmes soldats, qui veillent au bon ordre, sont chargés de nettoyer les rues, d'observer si chaque propriétaire fait balayer le devant de sa maison, & l'arrose dans les grandes chaleurs. Lorsqu'il a plu, ils relèvent la terre de chaque coté, pour faire écouler l'eau : ensuite ils applanissent & battent le chemin; de manière que peu de tems après les plus groſſes pluies, on peut marcher à pié ſec. Cette attention eſt d'autant plus néceſſaire, que les rues de Pékin n'étant point pavées, elles ſeroient impraticables. Que ſeroit-ce ſi on négligeoit de les arroſer ? Il s'élève ſous les piés une ſi grande quantité de pouſſière, qu'on y reſteroit enſeveli. Comme il y a dans la ville une garniſon de quarante mille hommes, principalement deſtinés à faire obſerver la police, tout s'exécute avec une promptitude incroyable. Dès que la nuit paroît, on ferme les barrières aux extrémités de chaque rue. Elles ne s'ouvrent qu'à des gens connus & dans un preſſant beſoin; autrement on eſt arrété par les sentinelles & mené en prison. Les entretiens, les danses, les visites, les promenades nocturnes, réservés parmi nous aux personnes du bon ton, sont regardés à Pékin comme les amusemens de la canaille, des bandits, des brigands, & toujours punis par la bastonnade. Les soldats, qui se promènent d'un corps-de-garde à l'autre, agitent continuellement une espèce de cresselle, pour faire connoître qu'ils sont à leur devoir. Ils doivent encore répondre à tous les cris des sentinelles placées dans la même rue. Le gouverneur fait tous les jours sa ronde, arrive au moment où on l'attend le moins; & la plus petite négligence est punie avec sévérité. Les officiers & les soldats en faction sont les seuls à qui il soit permis de porter des armes.

Dans les principaux quartiers, il y a une cloche, ou un tambour, qui sert à marquer les veilles de la nuit. Chaque veille est de deux heures : la première commence à la fin du jour ; tant qu'elle dure, on frappe, de tems à autre, un coup sur le tambour ou sur la cloche. On donne deux coups durant la seconde veille ; trois pendant la troisième, & ainsi de toutes les autres ; de sorte qu'en quelque tems que l'on s'éveille, on peut savoir à-peu-près quelle heure il est. Pendant ce tems-là, on entend une voix qui dit : « Obéissez à vos pa-

» rens. Respectez les vieillards &
» vos supérieurs. Vivez dans l'u-
» nion ; ne commettez point d'in-
» justice ».

Les cloches de Pékin sont du même métal que les nôtres. La principale est, sans contredit, la plus grosse de l'univers après celle de Moscow, s'il est vrai que cette dernière pèse plus de trois cens mille livres.

On ignore le tems où les cloches furent inventées à la Chine; ce qui surprend d'autant moins, qu'en Europe même on connoît peu leur origine. L'opinion la plus commune est que Saint Paulin, évêque de Nole, fut le premier qui les employa dans son église.

Les cloches ont paſſé depuis dans la plupart des égliſes d'occident; car elles étoient rares chez les Grecs, qui ne les ont connues qu'au neuvième ſiècle, par un Vénitien. Les Turcs les leur défendirent, de peur que le ſon ne fût contraire au repos des ames, qui, ſelon eux, errent dans les airs, ou plutôt, dans la crainte qu'il ne ſervît de ſignal en cas de révolte. La matière des cloches eſt un compoſé de vingt ou vingt-quatre livres d'étain, ſur cent livres de cuivre rouge. On ajoute à ce mêlange deux livres d'antimoine, pour en rendre le ſon plus doux. La grande cloche de Pékin a quinze piés de haut, & quarante-cinq de circonférence.

Une autre curiosité de cette capitale est l'observatoire. C'est une grande tour quarrée, contigue au mur de la ville Tartare, & qui domine sur une vaste étendue de pays. Le bâtiment n'a rien de magnifique ; mais on y trouve une sphère armilliaire, des globes, des télescopes & quantité d'instrumens de mathématique, de physique & d'astronomie. Avant l'arrivée des missionnaires, les Chinois n'en avoient que de très-grossiers & de très-imparfaits. Un jésuite les fit changer ; mais par respect pour leur ancienneté, on les conserve encore dans une salle voisine. Ceux de cuivre qu'on leur a substitués, sont grands, bien fondus, ornés de figures de dragons, & fort commodément placés sur la plateforme de la tour. Si l'exactitude répond à la beauté de l'ouvrage, il y en a peu qu'on puisse leur comparer. Mais il est à croire que les ouvriers de la Chine, manquant d'intelligence ou d'attention, n'ont pas mis dans leur travail cette perfection qui distingue nos artistes de Paris. Cependant, quelque défectueux que puissent être ces nouveaux instrumens, ils l'emportent infiniment sur ceux dont ils ont pris la place. On n'auroit jamais pu persuader aux Chinois d'en faire usage, sans un ordre exprès de l'empereur; tant ils sont attachés à tout ce qui porte l'empreinte de l'antiquité; & c'est encore un des points, sur lesquels ils different de nous autres François.

LETTRE XXII.

De Pékin, le 22 Septembre 1781.

Vous demandez, madame, si le gouvernement de la Chine est monarchique ou despotique ? Je réponds que si d'un côté, on se prosterne devant l'empereur comme devant un Dieu; s'il est décoré de tous les titres de la divinité; s'il est le souverain de la religion comme de la police; s'il dispose souverainement des hommes, des charges & des finances; s'il exerce une autorité qu'aucune puissance ne peut restreindre ; d'un autre côté on peut dire qu'il n'y a point d'état, où la vie, l'honneur & les biens des hommes soient protégés par un plus grand nombre de loix; que les souverains regardent ces mêmes loix comme leur soutien, leurs peuples comme leurs enfans, & les magistrats comme leurs frères.

L'empereur sait qu'il règne sur une nation qui n'est attachée aux loix qu'autant qu'elles font son bonheur. Il sait que s'il se livroit un moment à cet esprit de tyrannie, ailleurs si commun & si contagieux, des secousses violentes le précipiteroient du trône. Ainsi placé à la tête d'un peuple qui l'observe & qui le juge, il ne s'érige pas en un fantôme religieux à qui tout est permis. Il ne déchire pas le contrat inviolable qui l'a mis sur le trône. Il est si convaincu que le peuple connoît ses droits & les sait défendre, que lorsqu'une province murmure contre le mandarin qui la gouverne, il le révoque sans examen, & le livre à un tribunal qui le poursuit, s'il est coupable. Mais ce magistrat fût-il innocent, il ne seroit pas remis en place. C'est un crime en lui d'avoir pu déplaire au peuple. On le traite comme un instituteur ignorant, qui a privé un père de l'amour que ses enfans lui portoient. Une complaisance, qui entretiendroit ailleurs une fermentation continuelle, & qui y feroit la source d'une infinité d'intrigues, n'a nul inconvénient à la Chine, où les habitans sont naturellement doux & justes, & où le gouvernement est constitué de manière que ses délégués n'ont que rarement des ordres rigoureux à exécuter.

Cette nécessité où est le prince d'être juste, doit le rendre plus sage & plus éclairé. Il est à la Chine, ce qu'on veut faire croire aux autres princes qu'ils sont par-tout, *l'idole de la nation.* Il semble que les mœurs & les loix y tendent, de concert, à établir cette opinion fondamentale, que la Chine est une famille dont l'empereur est le patriarche.

patriarche. Ce n'est pas comme conquérant, ce n'est pas comme législateur, qu'il a de l'autorité ; c'est comme père ; c'est en père qu'il est censé gouverner, récompenser & punir. Ce sentiment délicieux lui donne plus de pouvoir, que tous les soldats du monde & les artifices des ministres n'en peuvent donner aux despotes des autres nations. On ne sauroit imaginer quel respect, quel amour les Chinois ont pour l'empereur, ou, comme ils le disent, pour *le père commun*, pour *le père universel*.

Ce culte public est fondé sur celui qui est établi par l'éducation domestique. Le pouvoir paternel & l'amour filial sont le ressort de cet empire : c'est le soutien des mœurs, c'est le lien qui unit le prince aux sujets, les sujets au prince, & les citoyens entr'eux. Le gouvernement chinois est revenu, par les degrés de sa perfection, au point d'où tous les autres sont partis, & d'où ils semblent s'éloigner pour jamais, au gouvernement patriarchal, qui est celui de la nature même.

Cependant cette morale sublime, qui perpétue depuis tant de siècles le bonheur de l'empire chinois, se seroit peut-être insensiblement altérée, si des distinctions chimériques attachées à la naissance eussent rompu cette égalité primitive, que la nature établit entre les hommes,

& qui ne doit céder qu'aux talens & aux vertus. Dans tous nos gouvernemens d'Europe, il est une claffe d'hommes qui apportent, en naiffant, une fupériorité indépendante de leurs qualités morales. On n'approche de leur berceau qu'avec refpect. Dans leur enfance, tout leur annonce qu'ils font faits pour commander aux autres. Bientôt ils s'accoutument à penfer qu'ils font d'une efpèce particulière ; & fûrs d'un état & d'un rang, ils ne cherchent plus à s'en rendre dignes.

Cette inftitution, à laquelle on a dû tant de miniftres médiocres, de magiftrats ignorants & de mauvais généraux ; cette inftitution n'a point lieu à la Chine. Il n'y a point de nobleffe héréditaire. La fortune de chaque citoyen commence & finit avec lui. Le fils du premier miniftre de l'empire rampe avec le peuple, s'il ne s'élève par fon mérite : il hérite des biens, & non des honneurs de fon père. On ennoblit quelquefois les ayeux d'un homme qui a rendu des fervices importans ; mais cette diftinction purement perfonnelle eft enfermée avec lui dans le tombeau ; & il ne refte à fes enfans que le fouvenir & l'exemple de fes vertus.

« Une égalité fi parfaite permet de donner aux Chinois une éducation uniforme, & de leur infpirer des principes femblables. Il n'eft pas difficile de persuader à des hommes nés égaux, qu'ils sont tous frères. Il y a tout à gagner pour eux dans cette opinion ; il y auroit tout à perdre dans l'opinion contraire. Un chinois qui voudroit sortir de cette fraternité générale, deviendroit dès-lors un être isolé & malheureux : il seroit étranger au milieu de sa patrie.

A la place de ces distinctions frivoles, que la naissance établit entre les hommes, dans presque tout le reste de l'univers, le mérite personnel en établit de réelles à la Chine. Sous le nom de mandarins lettrés, un corps d'hommes sages & éclairés se livre à toutes les études qui peuvent le rendre propre à l'administration publique. Ce sont les talens & les connoissances qui font seuls admettre dans ce corps respectable. Les richesses n'y donnent aucun droit. Les mandarins choisissent eux-mêmes ceux qu'ils jugent à propos de s'associer ; & ce choix est toujours précédé d'un examen rigoureux. Il y a différentes classes de mandarins, & l'on s'élève des unes aux autres, non par l'ancienneté, mais par le mérite.

C'est parmi ces mandarins que l'empereur, par un usage aussi ancien que l'empire même, choisit les ministres, les magistrats, les gouverneurs de provinces, en un mot, tous les administrateurs qui, sous différentes qualités, sont appellés à prendre part au gouvernement. Son choix ne peut tomber que sur des sujets capables, éprouvés; & le bonheur des peuples n'est jamais confié qu'à des hommes vraiment dignes de le faire.

Au moyen de cette constitution, il n'y a de dignité héréditaire que celle de l'empereur; & l'empire même ne passe pas toujours à l'aîné des princes, mais à celui que l'empereur & le conseil suprême des mandarins en jugent le plus digne. Aussi l'émulation de la gloire & de la vertu règne-t-elle jusques dans la famille impériale. C'est le mérite qui brigue le trône, & c'est par les talens qu'un héritier y parvient. Des empereurs ont mieux aimé chercher des succeffeurs dans une maifon étrangère, que de laiffer les rênes du gouvernement en des mains foibles.

Les vice-rois & les magiftrats participent à l'amour du peuple, comme à l'autorité du monarque. Le peuple a même une efpèce d'indulgence pour les fautes d'adminiftration qui leur échappent, comme il en a pour celles du chef de l'empire. Il n'eft pas enclin aux féditions, comme on doit l'être dans nos contrées. On ne voit à la Chine aucun corps qui puiffe former ou conduire les factions. Les mandarins, ne tenant point à des familles riches & puiffantes, ne reçoivent

aucun appui que du trône & de leur
fageffe. Ils font élevés dans une
doctrine qui infpire l'humanité,
l'amour de l'ordre, la bienfaifance,
le refpect pour les loix. Ils répandent
fans ceffe ces fentimens dans
le peuple, & lui font aimer chaque
loi, parce qu'ils lui en
montrent l'efprit & l'utilité. Le
prince même ne donne pas un
édit, qui ne foit une inftruction
de morale & de politique. Le peuple
s'éclaire néceffairement fur fes
intérêts, & fur les opérations du
gouvernement qui s'y rapportent;
plus éclairé, il doit être plus tranquille.

D'un autre côté, fi le prince paroiffoit
s'écarter de fes devoirs,

il y seroit bientôt rappellé par le *tribunal des censeurs* que je comparerois volontiers à nos parlemens. Non-seulement ces magistrats tiennent dans la crainte & dans l'observation des loix les jurisdictions subalternes, examinent les décisions des autres tribunaux, les cassent ou les approuvent, selon qu'elles leur paroissent injustes ou équitables; mais ils sont encore les organes dont le peuple se sert pour porter ses plaintes au pié du trône, pour représenter au souverain les droits & les priviléges des sujets. De tout tems, les censeurs ont dit avec une noble fermeté, aux empereurs ce qu'ils ont cru de plus convenable au bien de l'état. Les bons princes ont profité de leurs avis, les tyrans les ont ou méprisés ou punis. Mais alors toute la nation est entrée dans l'infortune de ces nobles défenseurs; & le respect qu'elle a fait paroître pour ces pères de la patrie, la douleur qu'elle a montrée du traitement qu'ils recevoient, les noms glorieux, les marques d'honneur qu'elle leur a prodiguées, les ont bien dédommagés de la disgrace du souverain. Aussi voit-on ces illustres magistrats, donner tous les jours des preuves de leur courage & de leur grandeur d'ame. Dès que l'intérêt de l'empire le demande, ils ne ménagent ni grands seigneurs, ni mandarins, quelque protection que leur accorde le monarque. L'amour de la gloire & du devoir l'emporte sur toute autre considération; & dès qu'il faut remplir leur charge, ils bravent l'exil & la mort. Les annales de la Chine nous en offrent plus d'un exemple; je ne citerai que ce seul trait.

Douze mandarins résolurent de dévoiler à l'empereur Ti-Siang, les sentimens de haine que son extrême cruauté avoit inspirés aux Chinois. Celui qui se chargea le premier de cette commission, fut scié en deux par ordre du tyran. Le second fut appliqué à la torture, & souffrit une mort cruelle. Le troisième ne fut pas moins intrépide, & Ti-Siang le poignarda sur-

sur-le-champ de sa propre main. En un mot, il n'y en eut qu'un seul qui échappa à sa fureur, quoiqu'il ne montrât pas moins de courage. Il se rendit au palais, portant dans ses mains les instrumens de son supplice : « Voilà, prince, s'é- » cria-t-il, voilà les fruits que vos » fidèles serviteurs obtiennent de » leur zèle ; je viens chercher ma » récompense ». L'empereur frappé de tant d'intrépidité, lui pardonna sa hardiesse, & réforma sa conduite.

On n'a jamais vu le tribunal des censeurs se désister de ses poursuites, quand il les a cru conformes à l'équité, & aux règles d'un sage gouvernement. Les princes vertueux ont reconnu que cet établissement, si utile au bonheur de leurs peuples, les empêchoit eux-mêmes d'être trompés par les flatteurs, & séduits par les courtisans Est-il possible que dans une pareille administration un souverain exerce un pouvoir arbitraire? Les règlemens généraux émanent du trône; mais, par la constitution de l'état, le prince ne fait rien sans avoir consulté des hommes élevés dans les loix, & élus par les suffrages. Il partage avec eux les soins pénibles de la royauté; il prend connoissance de toutes les affaires; on lui présente des requêtes, soit pour demander des graces, soit pour se plaindre des vexations, soit pour l'avertir de ses propres fautes.

En qualité de grand pontife, l'empereur de la Chine a le pouvoir de béatifier & même de canoniser ceux qui se sont rendus utiles par d'importans services, ou recommandables par de rares vertus: il peut même en faire des dieux & leur ériger des temples. Enfin son autorité prévaut même sur l'usage; car il est le maître de changer les noms des provinces, des villes, des familles; de proscrire certaines expressions dans le langage, de faire revivre les anciennes; ce que les Grecs, les Romains, & principalement les François, n'ont cru soumis à aucune autorité.

La vénération que les Chinois

ont pour leur prince, répond à la grandeur de sa puissance. Il n'y a que les seigneurs de son cortège ordinaire qui aient la liberté d'être debout en sa présence, encore sont-ils obligés de fléchir le genou quand ils lui parlent. Si l'empereur tombe malade, tous les ordres de l'état s'assemblent dans une vaste cour du palais ; & sans s'inquiéter de la rigueur de l'air, ils passent à genoux les jours & les nuits, occupés à faire éclater leur douleur. La Chine entière paroît souffrir dans la personne du souverain; la perte de celui-ci est le seul malheur que ses sujets semblent redouter. S'il succombe à la maladie, on ne dit pas qu'il est mort: ce langage ne seroit pas assez éle-

vé; mais on dit « qu'une grande
» montagne est tombée; qu'un nou-
» vel hôte est entré dans le ciel ».
Je ne vous ferai point une longue
description du cortège impérial
dans les occasions d'éclat. Vous
concevez qu'un des plus grands rois
du monde, chez la nation la plus
fastueuse de l'univers, déploie toute
la pompe, se fait voir avec tout
l'appareil des monarques orien-
taux : sa robe est de velours jaune,
brodée d'une multitude de petits
dragons à cinq griffes. Deux gros
dragons entremêlés remplissent le
devant de la poitrine. Le bonnet,
les bottines, la ceinture sont de
la plus grande richesse. Son train,
ses armes, les harnois de ses che-

vaux, les parafols, les éventails, tout eſt brillant autour de lui, & ſon auguſte cortège eſt compoſé de l'élite de la nation, c'eſt-à-dire, des princes, des miniſtres, des mandarins, & de tous les officiers qui préſident aux conſeils ſuprêmes de l'empire.

On compte à Pékin ſix cours ſouveraines, qui ont une inſpection générale ſur une infinité de tribunaux particuliers. La première ſurveille la conduite des magiſtrats, & avertit le prince quand il vaque une place de mandarin, afin qu'il y pourvoie ſans délai. La ſeconde a la direction des finances. La troiſième eſt le tribunal des rites, chargé de la conſervation des anciennes coutumes, des cérémonies concernant la religion, des sacrifices, de la réception des ambassadeurs, des fêtes, des arts, des affaires étrangères, &c. La quatrième qui a le département de la guerre, étend sa jurisdiction sur les troupes, les officiers qui les commandent & les armes. La cinquième, qui revient à ce que nous appellons *la tournelle* dans nos parlemens, juge souverainement les affaires criminelles. La sixième a la surintendance générale des bâtimens royaux, des ponts & chaussées, des temples, des arcs de triomphe, des digues, en un mot, de tous les ouvrages publics, & de la marine. Ces six cours ont chacune un président deux affesseurs, & se sous-divisent en plusieurs classes, composées aussi d'un président & de douze conseillers. On compte jusqu'à quarante ou cinquante de ces tribunaux subalternes. Tel étoit le nombre de ces officiers avant la dernière révolution; mais depuis la conquête des Mant-cheoux, on les a doublés, en mettant dans chaque compagnie, autant de tartares qu'il y a de Chinois ; c'est un trait de politique de la part du conquérant, pour accoutumer ses premiers sujets aux manières de la Chine, sans mécontenter les seconds.

Les six jurisdictions de Pékin sont subordonnées au conseil de l'empereur, composé des princes du sang, des ministres & des mandarins de la première classe. Sa majesté y préside en personne; & après lui le premier ministre de l'empire. On y juge toutes les causes d'appel. On y examine les grandes affaires, & le prince y donne ses dernières résolutions. Ce tribunal suprême se nomme *la cour du dedans*, parce qu'il se tient dans l'intérieur du palais.

Tout se fait à la Chine par la disposition de ces différens bureaux, sans qu'il soit permis de s'adresser directement au souverain. Sous les empereurs Chinois, ces tribunaux étoient si absolus, que le monarque lui-même osoit à peine toucher à leurs décrets. Mais depuis le règne des princes Tartares, on s'est relâché de cette sévérité.

Pour empêcher que des corps si nombreux & si puissans ne donnent atteinte à l'autorité souveraine, les matières de leurs jurisdictions sont tellement partagées, qu'il n'y a point d'affaire un peu importante qui ne soit relative à plusieurs de ces tribunaux, & quelquefois à toutes les cours. On a de plus établi dans chaque conseil un inspecteur préposé par le prince, pour examiner ce qui s'y passe. Il n'a point de voix délibérative; mais il assiste à toutes les assemblées, & sa charge l'oblige d'avertir l'empereur des résolutions les plus secrètes, & surtout des malversations & des injustices.

On apporte la même vigilance sur la conduite des officiers & des magistrats dans les provinces. Toutes les grandes villes ont des inspecteurs particuliers, outre les visiteurs extraordinaires, qui, de tems en tems, sont députés par la cour. Ils ont la supériorité sur les commandans ; & l'effroi qu'ils répandent parmi eux, est si général, qu'on dit en proverbe : *le rat a vu le chat.* Ils portent le sceau impérial attaché au bras droit ; & dès qu'ils l'ont reçu du souverain, ils deviennent aussi terribles que la foudre. Leur droit va jusqu'à ôter aux officiers leur emploi ; mais on ne voit guère tomber la sévérité de ces juges redoutables, que sur ceux dont les désordres sont trop éclatans pour être déguisés, ou qui sont trop pauvres pour acheter l'impunité. Si le crédit ou les intrigues des gens en place, dont ces visiteurs découvrent les malversations, exposent ces derniers à quelque mauvais traitement, ils sont regardés par la nation comme les pères de la patrie, & les martyrs du bien public ; tandis que les coupables & leurs protecteurs ne manquent pas de s'attirer des noms odieux, que l'histoire transmet à la postérité.

Le prince fait lui-même de ces sortes de visites, pour s'instruire par ses propres yeux de la conduite des gouverneurs, & recevoir les plain-

tes du peuple. Voici ce que m'a raconté un vieux missionnaire qui étoit à Nankin, lorsque l'empereur Canghi faisoit sa tournée. « Ce mo-
» narque s'étant éloigné de ses gar-
» des, apperçut un vieillard qui
» pleuroit amèrement : le prince,
» sans être connu, lui demanda le
» sujet de son affliction. Je n'avois
» qu'un fils, lui répondit le vieil-
» lard, dans lequel j'avois placé
» toute ma tendresse, & que je re-
» gardois comme l'unique soutien
» de ma famille; un mandarin tar-
» tare me l'a enlevé, & me voilà
» privé de l'espérance de jamais
» le revoir; car, pauvre & infirme
» comme je suis, quelle apparen-
» ce que je puisse obliger le gou-

» verneur à me le rendre ? Pour-
» quoi non, dit l'empereur ? ve-
» nez avec moi ; allons ensemble
» trouver le mandarin. Le vieillard
» obéit, & conduisit le prince au
» palais du magistrat. Le Tartare
» ayant été convaincu du crime
» dont on l'accusoit, Canghi,
» que ses gardes avoient rejoint,
» lui fit trancher la tête à l'heure
» même ; puis se tournant vers le
» père affligé : je vous donne, lui
» dit-il, l'emploi de cet injuste ra-
» visseur ; soyez plus équitable que
» lui, & que son exemple vous
» apprenne à ne rien faire, qui
» vous mette dans le cas, à votre
» tour, de servir d'exemple aux
» autres ».

Voici un autre usage qui fait honneur au gouvernement de cette nation. Tous les trois ans l'empereur se fait présenter un catalogue, qui contient les noms & les qualités bonnes & mauvaises des mandarins. Dans chaque ville, le principal magistrat examine la conduite des officiers qui lui sont subordonnés, & leur donne des notes, qu'il adresse au tribunal souverain de la province. Ces notes sont soumises à l'examen du vice-roi ; celui-ci y fait ses observations, & y met ses apostilles. Au-dessous du nom du mandarin est écrit : « C'est un » homme avide d'argent : il est trop » sévère & trop dur : il est vieux, » & ne peut plus faire ses fonctions ;

» il est fier, bisarre, capricieux: il » est brusque, emporté, brutal, & » ne sait pas se posséder: il est » foible, & ne peut se faire obéir: » il est lent, & n'expédie pas les » affaires, &c. &c. ». Si les notes sont favorables, elles contiennent les vertus contraires. « C'est un » homme intègre ; il n'opprime » point le peuple ; il remplit fidè- » lement ses devoirs : c'est un hom- » me d'expérience, ferme, sans » dureté, & qui sait se faire aimer, » sans cesser de se faire craindre ». Ces remarques sont envoyées au tribunal suprême de Pékin, qui ne manque jamais de punir ou de récompenser, suivant le mal ou le bien qu'on dit de chacun ; les uns sont élevés à des places supérieures; les autres sont caffés, ou descendent à des emplois subalternes.

Il ne faut pas croire néanmoins que les récompenses soient toujours accordées à ceux qui en sont les plus dignes. Quelques précautions que puissent prendre les dispensateurs des graces, il est presqu'impossible qu'ils se déterminent dans leur choix, autrement que par un des trois motifs suivans: une forte protection, l'importunité du demandeur, ou une réputation brillante. Or, le charlatan a de grands avantages, à tous ces égards, sur le véritable homme de mérite : par tout le premier est souple, adroit, attentif à saisir l'occasion & le moment. Vrai protée, il sait prendre toutes sortes de formes; il ne doute de rien; rien ne l'embarrasse; il a tout appris; il est propre à tout entreprendre: au lieu que le second, simple, modeste & timide, a presque peur de se montrer; l'étude & l'expérience lui ont appris à être en garde contre les préventions de l'amour propre; il lui faut du tems pour délibérer; il ne se vante de rien, & craint encore de trop promettre. Accoutumé à ne plier son ame qu'au joug de la raison, il ne connoît point l'art d'applaudir aux sottises, de quelque part qu'elles viennent: l'air de liberté qu'il a puisé dans le commerce des livres, lui inspire une aversion, & un dégoût insurmontables pour la contrainte qui règne dans le commerce des grands. Jugez si, avec de pareilles dispositions, il est bien propre à se faire de puissans protecteurs. La retraite est son élément ; il s'y plaît, & il y reste jusqu'à ce que des circonstances fortuites viennent l'en arracher malgré lui. Il n'a point de part aux graces ; & il s'en consoleroit aisément, s'il n'avoit souvent la douleur de voir qu'on couronne l'impudence, & qu'on lui préfère des hommes auxquels il auroit honte de se comparer.

L'empereur députe aussi des inspecteurs extraordinaires, qui parcourent les villes *incognito* ; & après s'être acquittés pendant quelque tems du rôle d'espion, se découvrent enfin, & font hautement le procès aux coupables.

Malgré ces actes de sévérité, il est des occasions où les injustices les plus criantes sont tolérées, je pourrois presque dire autorisées. Par exemple, tous les mandarins chargés de quelque commission sont obligés, à leur retour, de faire des présens considérables aux princes du sang, aux seigneurs & aux ministres. On ne veut pourtant pas que ces générosités leur soient à charge; & pour cela, on leur passe toutes les vexations qui leur ont procuré de l'argent. Ils n'ont à craindre ni que l'homme qu'ils ont ruiné, trouve de la protection à la cour, ni qu'on recherche leur conduite; personne même ne se hasarde à se plaindre, parce qu'on n'ignore pas qu'il n'y a point de réparation à espérer.

A certains jours de l'année, l'empereur convoque les grands, les premiers mandarins des tribunaux, pour leur faire une instruction. Ceux-ci en usent de même dans leur département. Deux fois le mois, ils assemblent le peuple, & lui exposent familièrement quelque point de morale. C'est le prince lui-même qui assigne les matières de ces sermons publics.

Ce qui achevera de vous donner une grande idée de l'attention con-

-tinuelle du gouvernement à éclairer la conduite des magistrats, c'est la gazette qui s'imprime journellement à Pékin. Toutes les nouvelles roulent principalement sur l'administration des mandarins: on y lit les noms de ceux qui ont été dépouillés de leurs charges, & les causes de leur disgrace. On rapporte la sentence des tribunaux; les malheurs arrivés dans les provinces; ce qu'ont fait les gouverneurs pour secourir les peuples; les dépenses ordinaires & extraordinaires du prince, les graces qu'il accorde, les remontrances qu'on lui adresse à lui-même, les éloges qu'il donne à ses ministres, les réprimandes, les menaces qu'il leur fait;

en un mot, cette gazette contient un détail fidèle & circonstancié de toutes les affaires de l'état. Les personnes chargées de la composer doivent la présenter à sa majesté, avant que de la rendre publique. Ce seroit un crime digne de mort, que d'y insérer la moindre fausseté.

La tranquillité du royaume dépend entièrement du soin qu'apporte le monarque à contenir dans le devoir ceux à qui il confie son autorité. S'il n'avoit pas les yeux sans cesse ouverts sur la conduite des mandarins qui vivent loin de la cour, ils deviendroient des tyrans dans leur département. Leur nom, qui signifie *commandant*, n'est pas celui qu'ils portent à la Chine; ils n'y sont connus que sous le titre de *Quans*, c'est-à-dire, *préposés*, ou gens qui sont à la tête des autres. Les Portugais leur ont donné une dénomination prise de leur langue : toutes les nations de l'Europe l'ont adoptée.

Comme il y avoit autrefois en France des chevaliers ès loix & des chevaliers d'armes, il y a pareillement ici des mandarins lettrés & des mandarins militaires. Les loix ont réglé les places que chacun d'eux doit occuper dans les assemblées qui se font au palais; les mandarins civils sont à la gauche du trône impérial, c'est-à-dire, du côté le plus honorable à la Chine;
les

les militaires prennent la droite; la robe a le pas sur les armes, comme chez les Romains. C'est sur les premiers que roule le gouvernement de l'état ; ils peuvent seuls occuper les charges civiles ; leur nombre est de quatorze ou quinze mille. Quatre fois l'an on imprime un catalogue qui contient leurs noms, leurs titres, leurs pays, & le tems où ils ont pris les degrés. Ils sont partagés en neuf classes : ceux des trois premières exercent les principaux emplois. C'est parmi eux que le prince choisit les *Colao* ou ministres d'état ; les officiers des cours souveraines, les gouverneurs des grandes villes, les trésoriers généraux des provinces, les vicerois, &c. Le nombre des Colao n'est pas fixé; il dépend de la volonté du maître qui les prend à son gré dans les divers tribunaux. Cependant il est rare d'en voir plus de cinq ou six à la fois: l'un d'entr'eux jouit ordinairement d'une distinction plus relevée; il peut être regardé comme le premier ministre, & a toute la confiance du souverain.

Les Quans, ou mandarins des classes inférieures, occupent des places de judicature & de finance, commandent dans les petites villes, & sont spécialement chargés du maintien de la police. Il y a, entre ces différens ordres, une si grande subordination, qu'un mandarin des trois premières classes peut faire punir du bâton ceux qui sont d'un rang au-dessous. Le moins considérable, cependant, jouit d'une pleine autorité dans l'étendue de son district; mais il tremble devant ses supérieurs, comme ceux-ci devant les tribunaux de la ville impériale, & comme les présidens de ces tribunaux devant le souverain qui est la source du pouvoir suprême. En général tous ces officiers sont censés représenter le monarque; aussi sont-ils très-respectés. Le peuple leur parle à genoux, lorsqu'ils siègent sur leur tribunal.

Lorsqu'il vient à vaquer un ou plusieurs de ces offices, on les distribue suivant le rang & le mérite. On donne avis à l'empereur, qu'il y a quatre ou cinq mandarins à remplacer. Il fait appeller les quatre ou cinq lettrés, qui se trouvent les premiers sur la liste ; on écrit sur autant de billets les noms des gouvernemens vacans ; on les met dans une boîte ; les candidats les tirent successivement, suivant l'ordre de leur degré ; & chacun obtient la ville qui lui tombe en partage.

Si les Chinois veulent que le souverain travaille & s'occupe des intérêts publics, à plus forte raison l'exigent-ils des magistrats. Un mandarin doit être accessible, non-seulement aux heures d'audience, mais à chaque instant du jour & de la nuit. Sa maison est toujours ouverte; on frappe sur une espèce de tymbale suspendue à la porte; & à ce signal le juge ne manque jamais de se présenter; mais si celui qui vient l'interrompre n'a pas souffert quelque dommage considérable, qui le mette en droit d'implorer le secours de la justice, il est sûr de recevoir la bastonnade pour prix de cette visite importune.

Les loix interdisent aux mandarins le jeu, la promenade, les visites, les assemblées, & ne leur laissent d'autres amusemens que ceux qu'ils peuvent goûter dans leur palais. S'ils veulent se main-

M iij

tenir dans leur charge, il faut qu'ils l'exercent avec autant de douceur que de désintéressement. On ne sauroit croire jusqu'où le gouvernement pousse l'attention à cet égard. Si un particulier, enfermé par un ordre émané d'eux, vient à mourir dans la prison, ils sont obligés d'en donner avis à la cour, & de prouver par plusieurs attestations, non-seulement qu'ils n'ont eu aucune part à la mort de ce malheureux, mais qu'ils lui ont procuré tous les secours convenables. Le prince est informé de tous ceux qui périssent dans les chaînes; & suivant les avis qu'il reçoit, il ordonne souvent des procédures extraordinaires.

Un mandarin, convaincu d'avoir accepté un préfent, eft deftitué de fa place. Si la fomme eft confidérable, il eft condamné à mort. Deux magiftrats de la même famille ne peuvent commander dans le même canton; perfonne n'exerce l'emploi de mandarin dans fa ville natale, ni même dans fa province; & pour l'ordinaire on ne laiffe pas long-tems un officier dans le même lieu. Il eft élevé à quelqu'autre pofte, dans la feule vue de le faire changer de ville, pour empêcher qu'il ne contracte dans le pays des engagemens & des liaifons qui pourroient le rendre injufte ou partial. Ces magiftrats font refponfables de tout le mal qui arrive dans leur département; & s'il se commet un vol ou un assassinat, il faut qu'ils découvrent le coupable, sous peine d'être privés de leurs charges.

Lorsqu'un mandarin quitte sa province, après l'avoir commandée avec honneur, il reçoit par-tout des témoignages de respect, de zèle & de reconnoissance; il est arrêté à chaque pas au milieu des rues par la foule qui s'empresse à se trouver sur son passage, pour lui prodiguer des éloges; on couvre le chemin de tapis & de fleurs; on lui présente des fruits, des rafraîchissemens, & l'on brûle des parfums. Ce qu'il y a de plaisant dans ce spectacle, c'est de voir ce même peuple lui ôter ses bottes, de distance en distance, pour lui en faire prendre de nouvelles. Toutes celles qui ont été à ses jambes, se conservent comme des reliques, & sont placées dans une espèce de cage sur la porte de la ville.

Un mandarin, qui s'est mal acquitté de son emploi, est traité à son départ avec le plus grand mépris. S'il est coupable de quelque faute, le souverain l'appelle à la cour; il obéit sans délai; & après une légère réprimande, on le retient pour l'employer indistinctement à tout ce qu'on juge à propos, en ne lui donnant d'autre titre que celui de courtisan apprentif de ses devoirs. Il demeure ainsi sans grade & sans emploi fixe, jusqu'à ce qu'il ait donné des preuves suffisantes de repentir ; que, par de nouveaux mérites, il ait effacé les taches dont il s'est souillé, & qu'enfin, il se soit rendu digne de nouveaux bienfaits. S'il refuse d'obéir, ou que sous divers prétextes il cherche à éluder les ordres de la cour, l'empereur le déclare rébelle ; ce qui se fait avec tant d'appareil & de lenteur, que le coupable a encore le tems de rentrer dans le devoir. On indique une assemblée générale ; on assigne le jour où tout le monde doit s'y rendre. Le prince, à la tête de ses vassaux, des grands de tous les ordres, & des cent principaux mandarins de l'empire, arrive au lieu marquée pour la cérémonie: là, il détaille les fautes de celui contre lequel on va procéder; après ce discours, le coupable est condamné, & l'on adresse en commun une courte prière à l'être suprême, ainsi qu'aux esprits aériens & aux mânes des ancêtres, pour leur apprendre que c'est malgré foi qu'on va venger le sang humain, & mettre à mort un homme qui s'est rendu indigne de la vie.

Il n'y auroit certainement point d'état plus heureux que celui de la Chine, si tous ceux qui la gouvernent se conformoient aux loix du pays; mais dans un si grand nombre d'officiers, il s'en trouve toujours quelques-uns qui sacrifient le bien public à leurs propres intérêts. Les subalternes emploient mille ruses pour tromper les mandarins supérieurs ; ceux-ci s'efforcent de leur côté d'en imposer aux tribunaux suprêmes, & quelquefois même à l'empereur. Ils ont tant d'adresse à déguiser leurs vues sous des expressions humbles & flatteuses ; & dans les mémoires qu'ils présentent, ils affectent un air si désintéressé, que le maître de cet empire, ainsi que tous les souverains du monde, a besoin d'une extrême pénétration, pour découvrir la vérité à travers tant de voiles.

C'est par-tout un malheur attaché
au

au trône; un malheur qui sollicite l'indulgence en faveur des rois. Ils ne peuvent point tout le bien qu'ils veulent; trop de personnes sont intéressées à vouloir le contraire.

LETTRE XXIII.

De Pékin, le 25 Septembre 1781.

SI vous avez jugé, madame, de cette nation par la forme de son gouvernement, vous avez dû la croire extrêmement pacifique & très-éloignée des qualités brillantes qui font les guerriers. Le génie des Chinois, naturellement doux, honnête, souple & pliant, les rend en effet plus propres au commerce de la vie, qu'au tumulte des armes. Leur cœur, toujours susceptible de la crainte des châtimens, toujours resserré dans les bornes d'une obéissance aveugle, est incapable de former ces projets hardis qui plaisent au héros. Leur esprit, étouffé dès l'enfance, ne peut s'agrandir avec l'âge. La sage préférence qu'on donne à l'étude & au savoir, l'éducation de la jeunesse, qui ne voit que des livres, qui n'entend parler que de morale, sont autant d'obstacles à la valeur. Enfin, leurs préjugés, ou, si vous l'aimez mieux, leur tranquille bon sens, ne leur représente qu'avec une espèce d'horreur cette triste nécessité, où les hommes sont quelquefois d'attenter à la vie de leurs semblables. Tout cela, sans doute, doit contribuer à faire des fils respectueux, de bons pères de famille, des sujets fidèles, d'excellens citoyens; mais ne peut donner du courage au soldat, de la valeur à l'officier, ni des vues au général. Cependant cette même nation, qui, depuis quatre mille ans, existe à-peu-près dans l'état où elle est, a souvent triomphé de ses ennemis; ou, si elle a eu le malheur d'être vaincue, elle a toujours donné la loi à ses vainqueurs. Il est vrai qu'on voit dans ses annales des traits de lâcheté qu'on ne trouve point dans les autres histoires; mais souvent aussi on y admire des prodiges de bravoure, dont les autres histoires fournissent peu d'exemples.

Le gouvernement militaire roule ici sur les mandarins de guerre. On les distingue en cinq classes, qui comprennent plus de dix-huit mille de ces officiers. Ceux de la première classe se nomment *mandarins de l'arrière-garde* ; ceux de la seconde, *mandarins de l'aîle gauche* ; ceux de la troisième, *mandarins de l'aîle droite* ; ceux de la quatrième, *mandarins du corps de bataille* ; & ceux de la cinquième, *mandarins de l'avant-garde*. Ces différens ordres sont gouvernés par cinq tribunaux subordonnés à un sixième, qui dépend lui-même de la cour de Pékin. Le chef de ce dernier tribunal est un des plus grands seigneurs du royaume, & son autorité s'étend généralement sur toutes les troupes; sa dignité répond à celle de maréchal-général, ou de connétable. Dans la crainte qu'il n'abuse de son pouvoir, on lui associe un mandarin lettré, qui a le titre de *surintendant des armes*. On fait d'ailleurs inspecter sa conduite par deux officiers tirés du même corps. Le général ne peut former aucune entreprise sans les consulter, & ils doivent rendre compte de toutes ses opérations au bureau de la guerre.

Les dix-huit mille mandarins militaires ont sous leurs ordres plus de sept cens mille hommes d'infanterie, & deux cens mille de cavalerie. Toutes ces milices servent de gardes aux grands mandarins, aux gouverneurs, aux officiers, aux magistrats; elles les accompagnent dans leurs voyages; elles veillent à leur sûreté, pendant la nuit, aux environs des hôtelleries; & chaque fois que le mandarin s'arrête, elles sont relevées par d'autres gardes. On les a divisées en plusieurs légions, & chaque légion est composée de dix mille soldats, qui forment cent compagnies de cent hommes. Les tartares ont des enseignes jaunes; les Chinois en ont de vertes. Les chefs de chaque corps sont chargés d'exercer régulièrement leurs troupes. De tems en tems, il y a des revues, où l'on visite les chevaux & les armes. Quand toutes ces choses ne sont pas en bon état, les coupables sont punis sur-le-champ; les Chinois par le bâton, les Tartares par le fouet.

La paye du fantassin est de cinq sols par jour, avec une mesure de riz suffisante pour l'entretien d'un homme : le cavalier en a une fois autant, & deux mesures de petites fèves pour son cheval. Ces troupes sont payées tous les trois mois, & en tems de guerre, on les défraie jour par jour. Les femmes perçoivent dans les villes où elles font leur séjour, une partie de la solde de leurs maris; ce qui suffit pour leur entretien & celui de leur famille. Le service est si avantageux, qu'il n'est pas nécessaire, comme en Europe, d'employer la violence, l'argent ou l'artifice pour enrôler des hommes; ils s'engagent gratuitement & d'eux-mêmes. Mais parmi les gens de guerre on en trouve peu qui soient dans l'aisance : la prodigalité est la vraie cause de la misère où la plupart se sont réduits. Non contens de manger d'avance leurs appointemens, ils dissipent encore leur bien de famille, & tous les fonds que leurs pères avoient amassés à la sueur de leur front ou par leur valeur.

Les Chinois, naturellement timides, sont d'assez mauvais guerriers; le moindre effort est capable de les rompre. Les Tartares eux-mêmes paroissent s'être amollis dans ce climat voluptueux : la paix profonde, dont ce royaume jouit depuis long-tems, a achevé d'énerver leur courage. Ce sont cependant encore les troupes favorites des empereurs de la Chine.

La milice chinoise a spécialement pour objet de prévenir les révoltes, d'appaiser les séditions, de purger les grands chemins de voleurs & de brigands. Ces derniers sont observés avec une attention si suivie, qu'il en est peu qui échappent à la justice. Lorsqu'il est question de guerre, on détache plufieurs bataillons de chaque province pour former une armée. Les soldats ne portent ordinairement l'habit militaire que pour le service, c'est-à-dire, pour monter la garde, faire l'exercice, passer en revue, ou escorter les mandarins: dans les autres tems, ils se livrent à la profession dans laquelle ils sont nés.

Je vis dernièrement exercer un corps de quatre mille hommes d'infanterie. Ils étoient rangés sur deux lignes; les officiers supérieurs étoient à cheval, armés d'arcs & de flèches; & les subalternes à pié, avec des épées plus ou moins longues, selon leur grade. Toutes ces troupes gardèrent un profond silence, jusqu'au moment où le commandant fit tirer un petit canon porté par un chameau. A ce signal, elles avancèrent, reculèrent, & firent leurs évolutions, suivant la discipline du pays. Elles se partagèrent ensuite en plusieurs compagnies; & se mettant à genoux très-près les unes des autres, elles restèrent dans cette posture pendant quelques minutes. Elles se levèrent, reprirent leur poste, & se formèrent de nouveau sans la moindre confusion. Par ce que j'ai vu de leurs mouvemens, je crois qu'on pourroit aisément les dresser à toutes sortes d'exercices.

Une maxime que la politique chinoise regarde comme très-importante, est celle qui défend à ceux qui font à l'armée, de rien écrire de ce qui se passe sous leurs yeux. Par-là les officiers généraux sont les seuls qui puissent apprendre au prince ce qu'il est nécessaire qu'il connoisse, & ne courent point de risque de voir leur réputation attaquée par des relations étrangères. Ils ont droit de s'adresser immédiatement à l'empereur; il y a même des tems & des occasions où ils doivent le faire par obligation. Quand ils ont quelque fait à annoncer à la cour, ils conviennent entr'eux de la manière dont il faut l'exposer, pour ne pas taire ce qu'il est à-propos de dire, ou pour ne pas dire ce qu'il est important de tenir caché. Il est difficile qu'ils puissent tous s'accorder à tromper le maître dans une chose de conséquence. S'il arrive qu'un officier pense autrement que les autres, il a le droit d'écrire secrètement à la cour, pour informer le prince de ce qu'il croit nécessaire; mais il doit être extrêmement réservé : si ses informations sont exactes, ceux qui en ont donné de fausses sont punis sévèrement; mais si dans son procédé on découvre de la mauvaise foi ou de la passion, il est lui-même perdu sans ressource.

C'est de l'habileté & de la bonne conduite d'un général, que les Chinois font dépendre la gloire

& le bonheur d'une guerre. Mais de même que tous les succès lui sont attribués, il est aussi responsable de toutes les pertes. Coupable, ou non, dès qu'il n'a pas réussi, il faut qu'il périsse, ou au moins qu'il soit puni. Cette conduite paroît d'abord contraire à la raison; mais, en l'approfondissant, on ne la trouve plus telle, relativement aux peuples chez qui elle a lieu. C'est en effet de la persuasion où chacun est ici, que cette maxime est réduite en pratique, que dépend le bon ordre qui règne dans l'empire. Ainsi, un général qui perdroit une bataille pour avoir obéi aux ordres de la cour, éviteroit difficilement la mort; quelques bonnes raifons qu'il pût alléguer. On ne diroit pas qu'il n'a fait que fe conformer à ce qu'on lui avoit prefcrit, mais qu'il eft ou un étourdi ou un lâche. On diroit qu'il auroit dû interpréter la volonté de celui qui l'a mis à la tête de fes troupes; on diroit qu'il ne fait pas fon métier, &c. Ici, plus que par-tout ailleurs, le fouverain ne doit jamais avoir tort.

Dès que la guerre eft terminée, l'empereur fe fait lire la lifte de tous ceux qui s'y font fignalés, & leur décerne des récompenfes proportionnées au genre & au nombre de leurs fervices. Il donne aux morts des titres honorables, qui paffent à leurs enfans, auxquels il assigne une subsistance honnête, jusqu'à ce qu'ils soient en état de pouvoir être employés dans la magistrature ou dans le militaire.

L'usage de l'artillerie est assez moderne à la Chine; on ne s'y sert de canons que depuis un siècle & demi. Ce furent les Portugais qui en firent présent à l'empereur; & l'on commença dès-lors à en fabriquer sur leur modèle. Mais il fallut avoir recours aux jésuites, qui s'y prêtèrent avec empressement. C'est ainsi que des ministres de paix négligèrent leurs fonctions augustes pour forger les foudres de la guerre.

L'objet du gouvernement est la tranquillité publique; objet naturel d'un état qui n'a point d'ennemis au-dehors, ou qui croit les avoir arrêtés par des barrières. L'empire est actuellement défendu à l'orient & au midi par une mer orageuse, & par des côtes inabordables; au couchant, par des montagnes inaccessibles; au nord, par la grande muraille ou des places fortes, & par les provinces tributaires de la Tartarie. D'ailleurs les histoires de la nation louent peu les actions guerrières, elles n'exaltent que les vertus pacifiques. La paix & la servitude achèvent d'énerver ce peuple naturellement lâche & timide. Il ne s'agit que de le maintenir dans son calme & dans son équilibre de foiblesse. Malheur à l'état, si l'esprit militaire venoit à animer les troupes ! le feu embraseroit les quatre coins de l'empire. L'humeur guerrière se nourrit de combats ; & dans de vastes états, où les mouvemens vont si lentement de la circonférence au centre, l'ambition & le mécontentement souleveroient bientôt des courages impatiens, qui, faute d'objets au-dehors, seroient forcés d'agir sur l'état même. Il vaut mieux que la Chine soit conquise par l'étranger, que démembrée par des enfans rebelles ; plus heureuse de policer ses vainqueurs, que de détruire ses ennemis.

LETTRE XXIV.

De Pékin, le 28 Septembre 1781.

IL y a quelques jours, madame, que j'ai été témoin d'un spectacle bien triste : un malfaiteur condamné à la cangue subissoit ce châtiment. C'est une espèce de carcan, composé de deux planches larges, épaisses, & échancrées au milieu : on les joint ensemble après qu'on y a inséré le col du criminel. En cet état, il ne peut ni voir son corps, ni porter les mains à sa bouche, & il est obligé de recevoir sa nourriture par le secours d'autrui. Il est chargé jour & nuit de cette importun fardeau, plus ou moins pefant, felon la qualité du crime. Le poids commun eft de cinquante livres ; il peut aller jufqu'à deux cens ; & le fupplice dure plufieurs mois, pendant lefquels le coupable eft obligé de fe montrer tous les jours dans les marchés ou à la porte des temples ; c'eft une peine flétriffante. Il eft permis aux parens & aux amis de foulever la cangue pour foulager le patient ; mais afin que perfonne ne foit tenté de l'en délivrer, le juge fait coller dans les jointures deux bandes de papier, fcellées du fceau public. Sur ce papier eft écrit, en gros caractères, la nature du crime, & la durée du châtiment. Lorfque le terme de la punition est expiré, on ramène le criminel aux piés du magistrat qui le délivre; & après lui avoir fait donner une légère baſtonnade; car c'eſt preſque toujours par-là que commencent & finiſſent les punitions à la Chine, il l'exhorte à ſe mieux conduire à l'avenir.

Quand les coups de bâton ne paſſent pas le nombre de vingt, c'eſt une correction paternelle, qui n'a rien de déshonorant. L'empereur traite quelquefois ainſi ſes miniſtres & ſes principaux officiers, & enſuite les voit & agit avec eux à l'ordinaire. Il ne faut, pour mériter cette punition, qu'avoir volé une bagatelle, que s'être emporté de paroles, ſi le magiſtrat en eſt inſtruit, il fait exercer auſſitôt l'inſtrument de cette correction. C'eſt une groſſe canne de bambou, demi-plate, & longue de quelques piés. Le juge eſt aſſis gravement devant une table, ſur laquelle eſt une boîte remplie de petits bâtons longs de ſix à ſept pouces. Au ſigne qu'il donne en jettant un de ces bâtons, on ſaiſit le coupable; on l'étend ventre contre terre, & on lui applique autant de coups ſur le derrière, que le magiſtrat a tiré de petits bâtons de la boîte. Il faut obſerver que quatre coups ſont comptés pour cinq; & c'eſt ce qu'on appelle la grace de l'empereur, qui, en qualité de père tendre, diminue toujours quelque chose du châtiment. Après avoir subi la correction, le patient se met à genoux devant le juge, se courbe trois fois jusqu'à terre, & le remercie du soin qu'il veut bien prendre de son amendement.

Une chose fort singulière, c'est qu'on loue des hommes qui, pour de l'argent, subissent le châtiment du coupable. Ils escamotent sa personne, en prenant subtilement sa place, & gagnent ainsi leur vie à recevoir des coups de bâton. On a encore un autre moyen d'éviter une partie de la correction, c'est de s'entendre avec les exécuteurs, qui ont l'art de ménager leurs coups avec une légèreté qui les rend presqu'insensibles.

Un mandarin a le droit de faire donner la baſtonnade en tous lieux, même hors de ſon diſtrict. Auſſi quand il ſort, eſt-il toujours accompagné d'officiers de juſtice, qui portent devant lui la canne de bambou. Si quelqu'homme du peuple demeure à cheval lorſqu'il paſſe, ou ne ſe hâte point de ſe retirer, il reçoit auſſitôt quelques coups par ſon ordre; & cette exécution eſt ſi prompte, que ſouvent elle eſt faite même avant que les paſſant s'en ſoient apperçus.

La baſtonnade eſt encore le châtiment commun des ſentinelles qu'on trouve endormies pendant la nuit, des enfans, des écoliers, des gens ſans

sans aveu, des mendians & vagabonds. Il y a beaucoup de ces derniers à la Chine. Ces fainéans voyagent en troupes, se mêlent de dire la bonne aventure, & ne sont ni moins fripons, ni moins hardis que nos Bohémiens d'Europe. La plupart sont estropiés ou feignent de l'être; ils s'estropient même quelquefois pour exciter la compassion. Les uns se couvrent l'œil d'un emplâtre; d'autres se le sont arraché réellement. Celui-ci se fait une bouche de travers; celui-là se raccourcit une jambe ou un bras. Enfin toutes les difformités artificielles que nous voyons pratiquer pas nos mendians, sont également connues & en usage à la Chine. Il est vrai que le gouvernement y est plus sévère qu'en France, contre ces sortes d'imposteurs; la canne de bambou leur fait retrouver bien vîte le nez, l'œil, le bras & la jambe, dont ils feignoient d'être privés. S'ils n'apportent pas ces défauts en naissant, ce sont leurs parens, qui souvent les estropient dès l'enfance, pour les mettre dans le cas de gagner leur vie par ces misérables artifices.

Dans les procédures criminelles, il n'est pas toujours besoin d'un décret, pour conduire les malfaiteurs devant le juge. Dans quelque lieu que le magistrat découvre du désordre, il a le pouvoir de le faire punir sur-le-champ; ce qui n'empêche pas que le coupable ne puisse encore être cité devant quelque cour supérieure, où son procès étant recommencé dans les formes, il est quelquefois châtié avec plus de rigueur.

Tandis que l'affaire s'instruit, il est conduit dans les prisons ; mais elles n'ont ni l'horreur, ni la saleté des nôtres. Ce sont des logemens commodes & spacieux, bâtis presque de la même manière dans tout l'empire. Des hommes souvent innocens ou légèrement coupables, ne sont-ils pas déjà assez malheureux d'être privés de leur liberté, sans ajouter encore à cette perte, celle de la santé & de toutes les douceurs de la vie ?

Les prisons de la Chine sont toujours remplies d'une infinité de misérables. Dans celles de Canton, on compte habituellement, jusqu'à quinze mille personnes qui y sont détenues. L'état ne les nourrit point ; mais on leur permet de s'occuper de divers travaux qui leur donnent moyen de subsister. On enferme les scélérats dans des loges particulières où ils sont enchaînés. Les autres se promènent le jour, dans une cour spacieuse ; & le soir, on les fait entrer dans une grande salle pour y passer la nuit : des gardes veillent autour des prisons, & font observer un profond silence. On a le plus grand soin de ceux qui tombent malades;

on leur donne des médecins & des remèdes aux frais de l'empereur ; un officier est tenu de veiller à ce que chacun fasse son devoir. On n'y entend point de bruit ; on n'y voit point de querelle ; la tranquillité y règne comme dans un monastère. A l'égard des prisonniers qui jouissent d'une bonne santé, chaque jour on leur apporte des vivres en abondance ; ce qui forme continuellement un véritable marché ; & le tout ensemble a l'air d'une petite république bien réglée. La prison des femmes est séparée & grillée ; on leur donne par un tour ce dont elles ont besoin ; & rarement les hommes en approchent.

Lorsqu'un malfaiteur est accusé de quelque crime capital, son procès passe par cinq ou six tribunaux subordonnés les uns aux autres; mais, excepté dans quelques cas extraordinaires, où la justice doit être prompte, tels que la sédition & la révolte, aucun d'eux ne prononce définitivement l'arrêt de mort. Les procès criminels doivent être examinés par l'empereur même; & nulle sentence de mort n'est exécutée, s'il ne la signe, après qu'elle lui a été présentée jusqu'à trois fois. Il n'y a point de précaution qui paroisse excessive aux Chinois, lorsqu'il s'agit de conserver la vie à un citoyen. Vous conclurez delà que les crimes capitaux sont plus rares à la Chine qu'en Europe, où une procédure si lente seroit sujette à trop d'inconvéniens. D'un autre côté, ces délais sont favorables à l'innocence, & la délivrent presque toujours de l'oppression, quoiqu'elle se trouve exposée à languir long-tems dans les chaînes.

Lorsque le crime est d'une énormité extraordinaire, le prince, en signant la sentence, y joint les paroles suivantes : « aussitôt qu'on » aura reçu cet ordre, que le cou- » pable soit exécuté sans délai ». S'il n'est question que d'un crime ordinaire, l'ordre est adouci dans ces termes : « que le criminel soit » gardé en prison jusqu'à l'automne, & qu'il soit justicié ». C'est ordinairement à cette saison qu'est renvoyée la punition de tous les malfaiteurs condamnés à mort. Si l'empereur n'approuve pas la première sentence d'un tribunal, il nomme d'autres juges pour reprendre le procès, jusqu'à ce que leur décision s'accorde avec la sienne. Par-là il est toujours le maître de sauver un criminel, ou de perdre un innocent dont il aura résolu la délivrance ou la perte.

Dans les procédures ordinaires, la sentence des tribunaux inférieurs est communiquée aux principaux officiers de toutes les cours souveraines; ainsi le sujet le plus méprisable jouit d'un privilège qui ne s'accorde parmi nous qu'aux personnes de la plus haute diſtinction, d'être jugé par les chambres aſſemblées.

La queſtion ordinaire & extraordinaire eſt établie à la Chine. Ce raffinement de cruauté, inconnu des nations barbares, ne devoit pas être ignoré chez un peuple civiliſé, où depuis ſi long-tems les ſciences & les arts ſont cultivés. Ici, un magiſtrat interroge un criminel avec des leviers, & écraſe à loiſir un malheureux, ſous la progreſſion lente & graduée des plus horribles douleurs. Ingénieux dans l'art des tortures, il fait arrêter la mort, lorſque douce & charitable, elle s'avance pour délivrer la victime. Auſſi voit-on ces infortunés, plongés depuis ſix mois dans les cachots ; les yeux éblouis de la lumière du soleil, les os brisés par un supplice préliminaire, plus horrible que celui qu'ils vont subir, s'avancer hideux & mourans au lieu de l'exécution.

Lorsqu'un criminel est condamné à mort, avant de lui prononcer sa sentence, on lui présente un verre de vin, qui se nomme ici le *vin d'offrande*. Après la lecture de l'arrêt, la plupart de ces malheureux s'emportent en invectives contre ceux qui les ont condamnés. Les juges écoutent ces injures avec patience. Quelques-uns de ces malheureux s'amusent à chanter dans le chemin qui les conduit à la mort, & boivent joyeusement le vin d'offrande & celui que leur préfentent des amis qui les attendent au paffage, pour leur donner ce dernier témoignage d'attachement.

Les fupplices capitaux font d'étrangler, de trancher la tête, & de tailler en pièces. Le premier eft le plus commun, & paffe pour le plus doux; c'eft celui des gens de qualité. On fe fert d'une corde longue de fept à huit piés, avec un nœud coulant qu'on paffe au col des criminels. Quelquefois, par une faveur infigne, l'empereur leur envoie un cordon de foie, & leur permet de s'étrangler eux-mêmes.

Le fecond fupplice eft regardé comme le plus infame, & ne punit que les crimes énormes. Les

Chinois pensent qu'il ne peut rien arriver de plus honteux à un homme, que de ne pas conserver, en mourant, son corps aussi entier qu'il l'a reçu de la nature.

La troisième espèce de punition est celle des rébelles ou des traîtres; elle a quelque chose de barbare dans son appareil. On attache le patient à un pilier; on lui écorche la peau de la tête qu'on lui rabat sur les yeux; on lui coupe ensuite successivement toutes les parties du corps; on lui ouvre le ventre, & l'on jette son cadavre ou dans un fossé ou dans la rivière.

On ne dresse point d'échafaud pour les exécutions; un criminel

qui

qui doit être décolé se met à genoux dans quelque place publique, les mains liées derrière le dos; l'exécuteur s'avance & lui abat la tête d'un seul coup. La charge de ce dernier n'a rien de flétriffant dans l'esprit des Chinois; c'est au contraire un emploi de diſtinction, & le bourreau de Pékin porte la ceinture jaune, qui eſt l'ornement des princes du fang. Vous voyez, madame, que chaque peuple a son opinion. Pour moi, il m'eſt arrivé quelquefois d'entendre débattre cette queſtion : *Si la perſonne du bourreau eſt infame?* J'ai toujours tremblé qu'on ne prononçât en fa faveur, & je n'ai jamais pu me lier d'amitié avec ceux qui le rangeoient dans la claſſe des autres citoyens. J'ai peut-être tort, mais je ſens ainſi.

Fin du quatrième Volume.

TABLE

Pour les troisième & quatrième Volumes des Voyages.

TOME III.

LETTRE PREMIÈRE. *Introduction*, 1

LA CORÉE.

LETTRE II. *Idée générale de la Corée*, 3
LETTRE III. *Course dans l'intérieur des terres*, 42

LE JAPON.

LETTRE IV. *Description de Nangasaki*, 51
LETTRE V. *Police de Nangasaki*, 78
LETTRE VI. *Législation*, 87
LETTRE VII. *Puissance du Cubo & du Daïri*, 96
LETTRE VIII. *Religion*, 119
LETTRE IX. *Voyage de Nangasaki à Osacka*, 165

P ij

LETTRE X. *Voyage d'Osacka à Méaco, & de Méaco à Iédo,* 187
LETTRE XI. *Caractère, éducation, arts & sciences,* 236
LETTRE XII. *Mariages & funérailles,* 258

TOME IV.

LETTRE XIII. *Histoire naturelle du Japon,* 1

FORMOSE.

LETTRE XIV. *Idée générale de Formose,* 26
LETTRE XV. *Course dans l'intérieur de l'Isle,* 34
LETTRE XVI. *Histoire de la révolution qui a soumis Formose à la Chine,* 41
LETTRE XVII. *Nourriture & mœurs des Formosans,* 50

LA CHINE.

LETTRE XVIII. *Introduction,* 63
LETTRE XIX. *Description de Canton,* 66

TABLE.

LETTRE XX. *Rencontre d'un Missionnaire françois,* 71

LETTRE XXI. *Voyage dans l'intérieur de la Chine, depuis Canton jusqu'à Pekin,* 92

LETTRE XXII. *Description de Pekin,* 131

LETTRE XXIII. *Gouvernement civil,* 165

LETTRE XXIV. *Gouvernement militaire,* 217

LETTRE XXV. *Législation,* 235

Fin de la Table.

ERRATA.

Page 165, LETTRE XXII, *lisez* XXIII.
Page 217, LETTRE XXIII, *lisez* XXIV.
Page 235, LETTRE XXIV, *lisez* XXV.

www.ingramcontent.com/pod-product-compliance
Lightning Source LLC
Chambersburg PA
CBHW070624170426
43200CB00010B/1906